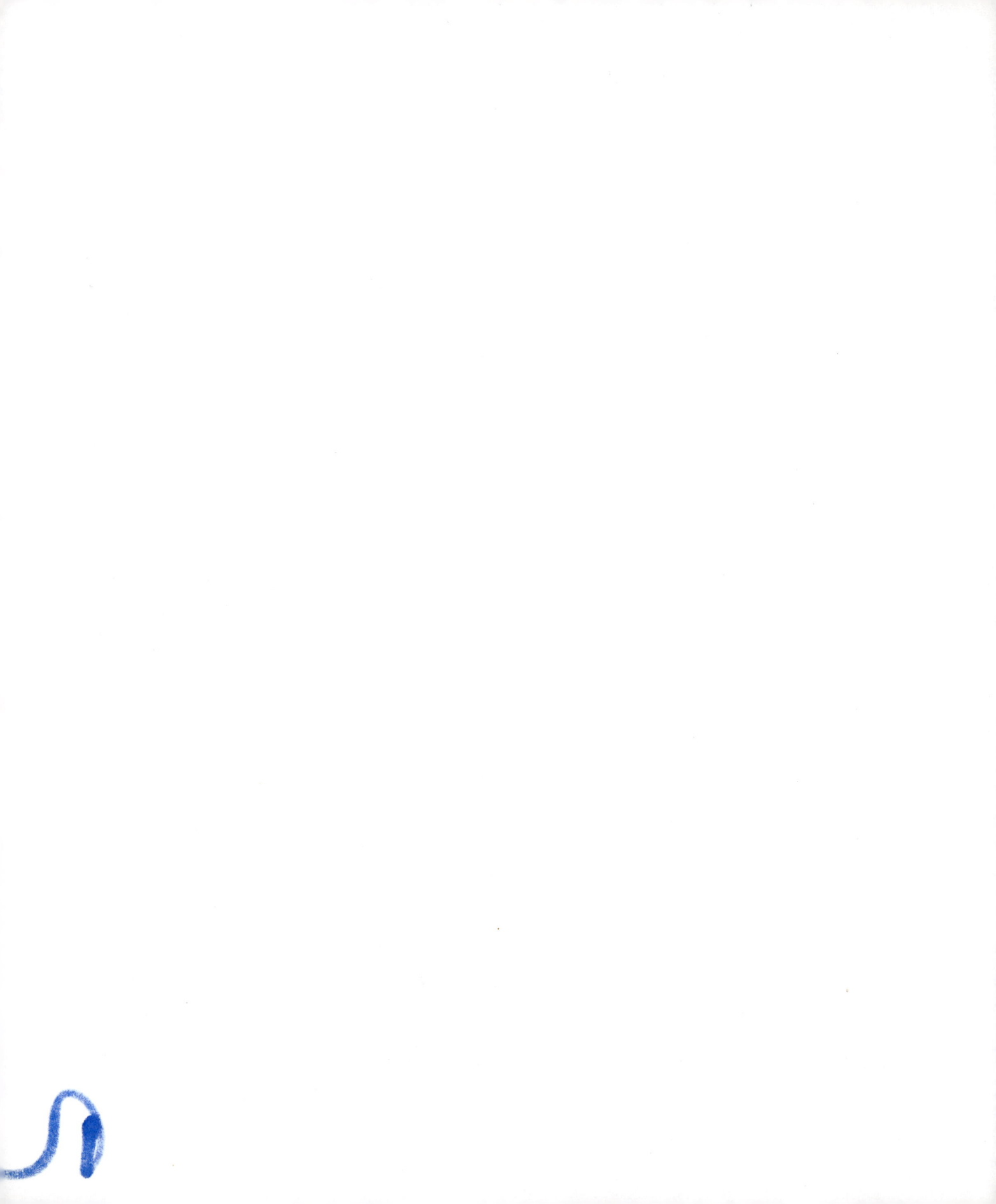

Puppen

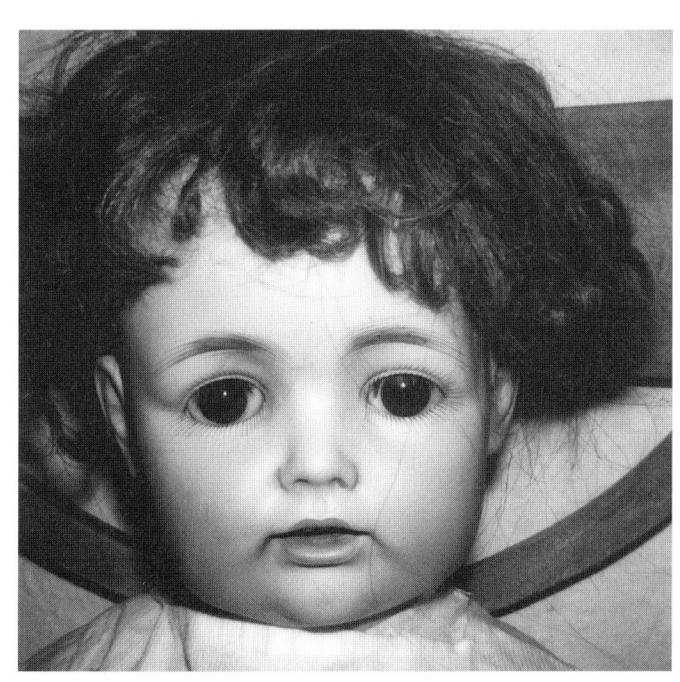
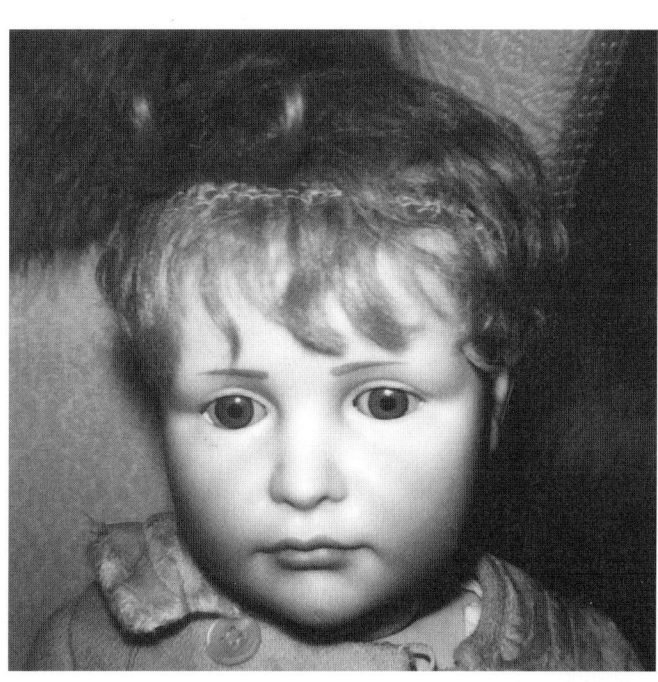
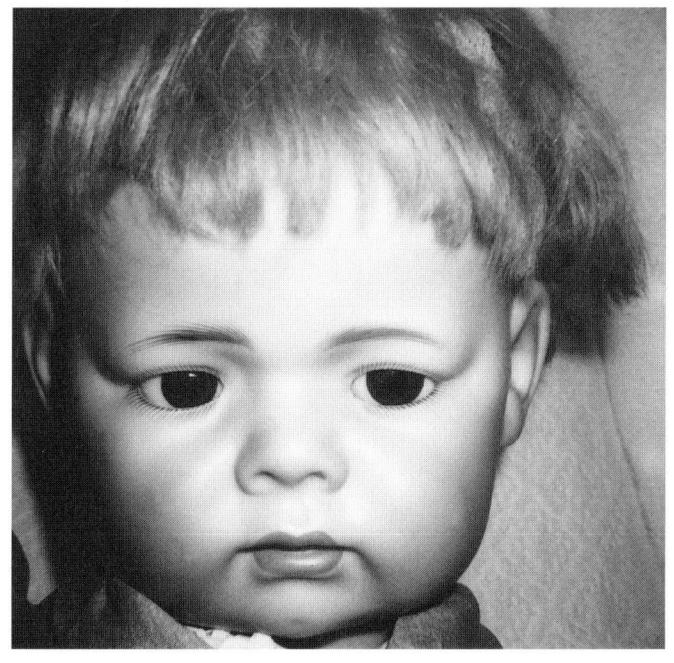
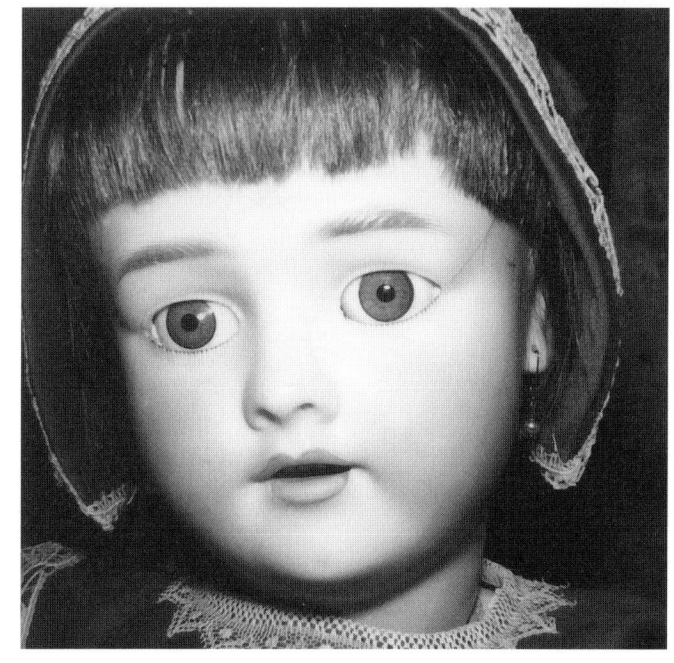

GLORIA EHRET /
ULRIKE HEUSS-GRÄFENHAHN

Puppen

bearbeitet und redigiert von
MARIA-ANNA KOPP

BECHTERMÜNZ

Seite 1:

1 Charakterpuppe der Firma Kestner, Halsmarke »260«, Biskuitporzellankopf mit braunen Glasaugen, geöffneter Mund, braunes Haar, Babykörper aus Composition
H 45 cm   2 000,–/3 000,–

3 Charakterpuppe der Firma Kämmer & Reinhardt, D, Anfang 20. Jh., Halsmarke »KR/SH/119A«, Kurbelkopf aus Biskuitporzellan mit braunen Glasaugen, geschlossener Mund, blondes Mohairhaar, Gliederkörper aus Composition, H. 70 cm, Rarität mit unschätzbarem Liebhaberpreis

2 Charakterpuppen der Firma Kämmer Reinhardt/Simon Halbig, Anfang 20. Jh., Halsmarke »114«, Biskuitporzellankurbelkopf *mit blauen Glasaugen* (eine Besonderheit: die Puppe »114« hat sonst gemalte Augen vgl. Kat.-Nr. 80), geschlossener Mund, blondes Mohairhaar, Gliederkörper aus Composition
H 48 cm   25 000,–/30 000,–

4 Charakterpuppe vermutlich der Firma Behr & Proeschild, Biskuitporzellankurbelkopf mit graublauen Glasaugen, geöffneter Mund, rötlich braunes Echthaar
H 50 cm   2 000,–/3 000,–

Seite 2:

Simon & Halbig, Deutschland, Anfang 20. Jh.
Marke: »SH 939«
Biskuitporzellankopf mit blauen Glasaugen, geschlossener Mund, Kinngrübchen, blondes Haar.
Kugelgelenkkörper aus Composition mit festen Handgelenken
H 65 cm   8 000,–/9 500,–
(Foto: Hannelore Schenkelberger)

Frühe deutsche Kugelgelenkpuppe vermutlich J. D. Kestner, Deutschland, Anfang 20. Jh.
Biskuitporzellan mit blauen Glasaugen, geschlossener Mund, blondes Haar.
Kugelgelenkkörper aus Composition.
H 60 cm   4 500,–/6 000,–
(Foto: Hannelore Schenkelberger)

Wichtiger Hinweis
Die angegebenen Preise sind DM-Preise!

Genehmigte Lizenzausgabe für
Verlagsgruppe Weltbild GmbH, Steinerne Furt, 86167 Augsburg
Copyright © by Weltbild Ratgeber Verlage GmbH & Co. KG, München
Umschlaggestaltung: Studio Höpfner-Thoma, München
Umschlagmotiv: Image Bank, München
Gesamtherstellung: Passavia Druckservice GmbH,
Euro-Druckservice AG, Medienstraße 5b, 94036 Passau

Printed in Germany

ISBN 3-8289-0784-9

2005   2004   2003   2002
Die letzte Jahreszahl gibt
die aktuelle Lizenzausgabe an.

Einkaufen im Internet: *www.weltbild.de*

Inhaltsverzeichnis

Die Leipziger Puppendoctorin.

»Die Leipziger Puppendoctorin«.
Aus einem alten Spielwarenkatalog.

Einführung in das Sammelgebiet

GLORIA EHRET

*Puppenmacher. Holzschnitt aus dem
»Hortus Sanitatis«, Mainz 1491.*

Geschichtlicher Überblick

Puppen, die heute im Kunsthandel angeboten werden, stammen meist aus der
zweiten Hälfte des 19. und den ersten beiden Jahrzehnten des 20. Jahrhunderts. Frühere Exemplare tauchen nur selten auf. Dennoch sollte der Puppensammler nicht versäumen, einen Blick in die ältere Vergangenheit der Puppen-
geschichte zu werfen.

Der Begriff »Puppen« umfaßt einen weiten Bereich. Selbst wenn man rituelle
Kultpuppen und ähnliches ausschließt und nur einen gedanklichen Blick in
unsere eigenen Kinderzimmer zurückwirft, fallen einem zusätzlich Stofftiere,
Kasperlepuppen und Hampelmänner ein, die den Rahmen dieses Buches
sprengen würden. Auch Randgebiete wie Marionetten und Theaterpuppen,
oder Grenzbereiche wie beispielsweise die Krippenfiguren müssen außer Acht
bleiben.

Junge Mädchen hegten wahrscheinlich zu allen Zeiten das Bedürfnis, sich als
kleine Spielgefährten mit Puppen zu umgeben, um sich damit ihre eigene
Phantasiewelt aufzubauen. Die Mütter der Urzeit mögen ihren Töchtern wohl
auch schon puppenähnliches Spielzeug aus einfachen Materialien gebastelt haben. Doch besitzen wir aus vorgeschichtlicher Zeit kaum Zeugnisse.

ANTIKE PUPPEN

Wohl die frühesten erhaltenen Puppen dürften um 2000 vor Chr. in Ägypten
entstanden sein. Es sind einfache flache Holzbrettchen, oft mit beweglich angebrachten Armen und Beinen, die der Zeit entsprechend mit geometrischen
Mustern bemalt sind und häufig bereits Haarperücken tragen.

Aus der griechischen Antike besitzen wir herrliche Gliederpüppchen als Grab-
beigaben vorwiegend aus Ton, bunt bemalt und mit reichem Zubehör ausgestattet. Sie stellen meist heranwachsende junge Mädchen dar. Die beweglichen
Arme und Beine hängen an einem Draht, der durch Schultern und Hüftpartie
gezogen wurde, während der prächtige Kopfputz oft anmodelliert ist. Diese

Püppchen, meist in Tempelbezirken der Göttinnen Hera, Artemis oder Aphrodite gefunden, lassen sich bis ins fünfte vorchristliche Jahrhundert zurück belegen. Einerseits waren es wohl wirkliche Spielpuppen für Kinder, wie unsere heutigen Kleinen sie noch bekommen, gleichzeitig erfüllten sie aber die Funktion religiöser Idole. Denn aus der antiken Literatur Griechenlands ist bekannt, daß die Puppen von ihren Besitzerinnen einer Göttin geweiht wurden, sobald die Mädchen mit ungefähr zwölf Jahren ins heiratsfähige Alter kamen. Die jungen Bräute brachten dann ihre Puppen und deren gesamte Ausstattung sowie anderes Lieblingsspielzeug Artemis, der Göttin der Jungfräulichkeit, Hera, der Göttin der Ehe oder der Liebesgöttin Aphrodite als Geschenk dar. Dieser Brauch macht die fließenden Grenzen zwischen reinen Spielpuppen und ritueller Funktion deutlich. Der vormals einfache tönerne Spielgefährte wird zum Weihegeschenk, das auf das zukünftige Erwachsenenleben, die Ehe und die eigene Mutterschaft günstigen Einfluß üben soll. Diese Verschmelzung von Spielzeug und Opfergabe geht auch aus der Wortverwandtschaft »Kore« für Mädchen und »Korai« für kleines Weihegeschenk aus Ton hervor. Griechenland, das bereits eine blühende Spielzeugindustrie mit dem Zentrum Sardes, der Hauptstadt Lydiens hatte, stellte neben diesen Tongliederpüppchen auch Puppen aus Holz, Elfenbein und Wachs her, und selbst kleine Sitzpuppen aus Ton, die Knaben darstellen, haben sich erhalten.

Wie in Griechenland belegen die Römerfunde ebenfalls bemalte Gliederpuppen aus Ton, Holz oder Elfenbein, die vor der Hochzeit ihrer Besitzerin einer Göttin geweiht wurden. Auch im alten Rom wurden die Puppenkinder von ihren Puppenmüttern angekleidet und hielten oft eine Zymbel oder eine Klapper in der Hand. Wie fein und künstlerisch die römischen Puppen gearbeitet waren, zeigt der Fund aus einem Kindergrab bei Achinoe aus dem 3. Jahrhundert nach Christus: Dem Kind war eine kleine Puppe beigegeben, deren Glieder bereits wie bei den späten Kinder- und Babypuppen gebeugt und einzeln gebrannt mit Gips an den Torso gefügt sind. Sie ist weiß bemalt mit zarten Farbspuren und schwarzem, anmodelliertem, zu einer Hochfrisur gestecktem Haar. Die Puppe hatte einen reichen Schatz an Zubehör bei sich, der Becher, Krüge, Schmuck, Kästchen und kleine Möbel umfaßte.

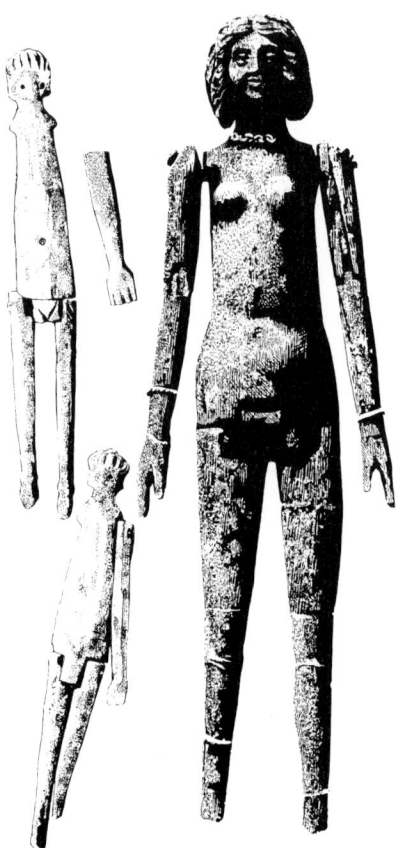

Links: Römische Knochenpüppchen mit beweglichen Gliedern, Aquileia.
Rechts: Römische Gliederpuppe aus Holz mit goldenen Armreifen, 2. Jh. v. Chr.

INKAPUPPEN AUS PERU

Auch aus anderen Hochkulturen sind uns frühe Puppenbeispiele bekannt. So haben sich in Kindergräbern des Alten Peru aus der Zeit vor der spanischen Eroberung weibliche Puppenfiguren aus reinem Gold und Knabenpuppen aus Silber erhalten, die ursprünglich mit richtigen Stoffgewändern bekleidet wa-

Zwei Katchina-Puppen, Hopi, Nordamerika.

ren. Neben diesen wertvollen Prachtpuppen spielten die kleinen Inkamädchen mit einfachen Exemplaren aus Holz und Stroh oder mit kleinen Wickelpuppen, die Tonköpfchen über einem ausgestopften Stoffbalg tragen auf einem Wiegenbrettchen aus Rohr, wie sie das Universitätsmuseum in Philadelphia heute noch besitzt.

DIE PUPPEN DER NATURVÖLKER

Weiteren Aufschluß über die Frühzeit der Puppen geben uns Völkergruppen, die noch in urgeschichtlichen Verhältnissen leben. Sie scheinen die uns heute vertraute Spielpuppe, wie sie auch die Antike pflegte, nicht zu kennen. Bei den Indianern wurden Spielpuppen erst durch europäische Einwanderer zur Zeit der Königin Elisabeth bekannt. Weit verbreitet sind allerdings rituelle Puppen, Fetische und Glücksbringer, deren Grenzen zu den Spielpuppen oft schwer abzustecken sind.

Der Stamm der Hopi-Indianer im südwestlichen Nordamerika beispielsweise verehrt als Ebenbilder der Katchinas, der angebeteten Götter und Geister, auch Miniaturpuppen, die nach Beendigung der religiösen Zeremonien den Kindern zum Spielen überlassen werden. Diese Puppen sind meist aus Holz mit Kleidern aus Leder und reichem Federschmuck. Spielpuppen, wie sie die Europäer hatten, brachten die englischen Kolonialherren im 16. Jahrhundert als Tauschgut oder Geschenke den Indianern in Nordamerika mit. Heute fertigen die Indianer für Touristen häufig Puppen aus Leder mit buntem Perlenschmuck.

Neben reich ausgestatteten rituellen Holzpuppen basteln zum Beispiel die Burundimädchen Ostafrikas auch Püppchen aus allen nur vorhandenen Naturprodukten wie Flaschenkürbissen oder den Blüten der Bananenstauden.

Ähnlich den oben erwähnten Katchina-Puppen erhalten auch im Sudan die Kinder ursprünglich rituelle Puppen später zum Spielen. Dort verehrt man von Medizinmännern mit magischen Kräften versehene Fruchtbarkeitspuppen, deren Namen auf die herbeigewünschten Kinder übertragen werden. Viele Naturvölker glauben an einen Zusammenhang zwischen der weiblichen Fruchtbarkeit und den Puppen, die sie deshalb mit sich führen und verehren. Oft stellen die Puppen einen Übergang zwischen Fetisch und Spielzeug dar, wie z. B. die Kalebassenpuppen, welche die afrikanischen Wasaramo-Frauen immer bei sich haben, um bald Kinder zu bekommen und die diese Puppen dann ihren Töchtern weitervererben. Die Mädchen der Ashanti-Stämme tragen aus demselben Grund geschnitzte Holzpuppen mit flachen scheibenartigen Köpfen auf dem Rücken, um später selbst schöne Töchter zu gebären und um gleichzeitig auf das Rollenspiel der Mutter vorbereitet zu werden. Wie bei den Indianern sind auch in Afrika neben Holzpuppen Knochenpuppen mit aufgeklebten Haaren und Perlenschmuck gebräuchlich.

Den jeweiligen geographischen Verhältnissen entsprechend werden Puppen in den verschiedenen Erdregionen aus den naturgegebenen Materialien gebastelt. So verwenden die Eskimos für ihre als Glücksbringer an den Kajakbooten angebrachten Puppen Treibholz und Walroßzähne, die sie mit Fellen und Häuten bekleiden, während beispielsweise in Grönland und Alaska Pelzpuppen verbreitet sind.

DAS EUROPÄISCHE MITTELALTER

Leider sind aus der Frühzeit des europäischen Mittelalters keine Puppen erhalten, aber schriftliche Quellen geben dennoch Auskunft über frühe Puppenmacher und deren Schöpfungen. Um das Jahr 1200 schildert die Äbtissin Herrad von Landsberg im »Hortus Deliciarum« Ritterspielzeug mit reich gerüsteten Turnierrittern, welche, an Schnüren gehalten, die Kinder der höheren Stände spielerisch in die ritterlichen Tugenden einführen sollten. Im »Hortus Sanitatis«, einem frühen Kräuterbuch, das Ende des 15. Jahrhunderts in Mainz verlegt wurde, zeigen die Holzschnittillustrationen einen Puppenmacher in seiner Werkstatt beim Schnitzen von hölzernen Gliederpuppen. Wie auch in den antiken Kulturen waren Tonpüppchen weit verbreitet, die auf Messen und Märkten feilgeboten wurden.

Einen eigenartigen Fund machte man um die Mitte des vorigen Jahrhunderts in Nürnberg. Dort wurden bei Grabungen unter dem Straßenpflaster zahlreiche, bis zu 50 cm hohe Tonpuppen ausgegraben, die wohl als Massenartikel aus Modeln geformt waren und nach Kleidung und Haartracht um die Mitte des 15. Jahrhunderts entstanden sein dürften. Sie tragen alle eine eigentümliche kreisförmige Vertiefung in der Brust, nach der man sie für Patengeschenke hielt, die als figürliches Behältnis des sog. Patenpfennigs dienten.

Die mittelalterlichen Puppen umfaßten wohl auch schon die weitesten Bereiche des täglichen Lebens, denn neben damenhaften Puppentypen und Wickelkindern stellten sie auch Mönche und Nonnen dar. So zeigt ein 1760 entstandenes Gemälde des französischen Malers Jean-Baptiste Greuze ein kleines Mädchen, das mit einer Mönchspuppe spielt. Priesterpuppen und Mönche erfreuten sich in Italien besonders großer Beliebtheit. Mit ihnen wurden die Heilige Messe oder andere religiöse Zeremonien von den Kindern lehrhaft nachgespielt. Hierzu gab es alles nötige Beiwerk wie Weihrauchgefäße und Leuchter in Miniaturgröße aus Zinn.

VON DOCKENMACHERN UND PUPPEN

*Tonpuppen,
Nürnberg, 15. Jh.*

In der seit altersher bedeutenden Spielzeugmetropole Nürnberg lassen sich die Dockenmacher in den Stadtbüchern bis ins Jahr 1413 urkundlich zurückverfolgen. »Docke« oder »Tocke«, wohl ursprünglich nur einen Holzblock bezeichnend, ist das alte Wort für Puppe. Letzteres kam als französisches Lehnwort erst im 16. Jahrhundert nach Deutschland und konnte die »Docke« in den beiden folgenden Jahrhunderten endgültig verdrängen. Martin Luther sprach von der Frau einmal als »hübsche Tocken« und in einem Frauenzimmerlexikon aus dem Jahr 1715 werden beide Wörter, die alte »Docke« und die neue »Puppe« im folgenden Text gleichwertig gebraucht: »Puppenwerck oder Spielsachen, auch Docken-werck genannt«. Das lateinische Wort *pupa* bezeichnete ursprünglich ein neugeborenes Kind, das Wort ging dann als *poupée* ins Französische, als Puppe ins Deutsche und als *puppet* oder *poppet* ins Englische ein. Das gebräuchlichere englische Wort *doll,* verschiedentlich von dem griechischen *eidolon* = Idol abgeleitet, taucht erst um 1700 in englischen Wörterbüchern auf und ersetzt langsam das vorher gleichbedeutend benützte *babies* oder *little ladies* für Puppen.

Daß die Puppen wie kleine Erwachsene aussahen, fällt sofort auf, wenn man Gemälde aus früheren Jahrhunderten betrachtet, auf denen Mädchen mit ihren Puppen dargestellt sind. Die Zeit des Kindes war noch nicht angebrochen und ebenso wie man die Kinder in die steifen Gewänder der Erwachsenen zwängte, sahen bis in die kleinsten Details auch die Puppen aus. Deshalb ist es nicht verwunderlich, daß die Puppe nicht nur als Ebenbild, sondern mehr noch als Vorbild der großen Damen in der Vergangenheit eine bedeutende Rolle gespielt hat, die ihren Höhepunkt in den Modellpuppen des 18. Jahrhunderts erlebte.

DIE MODEPUPPEN

Paris war schon früh das Zentrum der Mode. Im höfischen Mittelalter, als die Kinder der ärmeren Schichten mit einfachen, von der Mutter selbstgefertigten Lumpenpuppen, bestenfalls aber mit geschnitzten Holzpuppen oder bemalten Tonpüppchen spielten, schickten Königinnen und Könige prachtvoll gekleidete Puppen als Botschafterinnen der Mode an die verschiedenen Höfe, um ein lebendes Bild vom exklusiven Aussehen der Pariser Couture zu geben. Bereits für das Jahr 1391 sind uns solche Modepuppen in den Rechnungsbüchern des französischen Königs belegt. Robert de Varennes, der Oberhofsticker Karls VI., erhielt 459 Francs für eine von ihm vortrefflich gearbeitete Puppengarderobe. Die bayerische Prinzessin und spätere französische Königin Isabeau de Bavière sandte nämlich ihrer Tochter, der Königin Isabella von England, eine Puppe, die bis zum kleinsten Dessous nach dem neuesten französischen Chic gekleidet war. Die Kleider dieser lebensgroßen Puppe konnte die englische Königin nicht nur als Modell nehmen, sondern selbst anprobieren und gleichzeitig die Wirkung an der Puppe studieren.

Keine hundert Jahre später ist von Anna de Bretagne belegt, daß sie eine große Puppe für die Königin von Spanien, Isabella die Katholische, in Auftrag gab. Aber nicht nur die Damen des Hochadels gaben die neueste Mode durch diese Puppen weiter, auch Könige wußten sich damit bei ihren Favoritinnen beliebt zu machen. Heinrich II. schickte sechs Puppen für 9 Livres und 4 Sous an ein paar »Damen«. Heinrich IV. sandte seiner zukünftigen zweiten Frau Maria de Medici Modellpuppen mit dem Kommentar, da Sie »Muster unserer Mode wünschen....«, und ein französischer Herzog scheint seine gesamte Garderobe an 25 lebensgroßen Modepuppen ausgestellt zu haben. Der Export von Modepuppen entwickelte sich im 18. Jahrhundert zu einem einträglichen Geschäft der Pariser Modehäuser, deren Zentrum, die Rue St. Honoré, sich zu einem *Grand Courier de la Mode* entwickelte.

Alle Damen, die sich zur besseren Gesellschaft zählten, besaßen eine sog. große und eine kleine Pandora (benannt nach der mit allen Gaben der Sinneslust ausgestatteten Jungfrau, die Hephaistos auf Befehl des Zeus aus Ton formte). Die beiden Pandoras waren Puppen, deren eine in großer Toilette auftrat, wohingegen die andere in ein Negligé – ein vornehmes Hauskleid – gehüllt war. Die Pariser Modehäuser schickten Pandoras nach England, Deutschland, Spanien und Italien. Sogar auf der vierzehntägigen Sensa, der venezianischen Messe, wurden alljährlich Puppen nach der neuesten französischen Mode gekleidet ausgestellt. Natürlich wollte auch Amerika nicht nachstehen und ließ sich zu jeder Saison die neuesten Modepuppen schicken. So ist im New England Weekly Journal vom 12. 7. 1733 zu lesen (zitiert nach M. Bachmann): »Bei Mrs. Hannah Teatts, Schneiderin am oberen Ende der Summer Street, Boston, kann man ein Mannequin, das nach der neuesten Mode angekleidet ist, betrachten. Alle Garderobenartikel, Nachtgewänder, kurz alles, was zur weiblichen Kleidung gehört, ist an ihr zu sehen. Captain White brachte sie aus London hierher. Damen, die sie zu sehen wünschen, mögen hierher kommen oder sie holen lassen. Die Puppe ist immer für Sie bereit. Kommen Sie selbst, kostet es zwei Schillinge, lassen Sie sie holen, kostet es sieben Schillinge«. Selbst vor harten Kriegszeiten machte die Reiselust dieser Mannequins nicht halt. So erhielten im Spanischen Erbfolgekrieg (1701-1713) die französischen Mannequin-Puppen für England einen Sonderpaß, der als »chevareleske Geste den Damen gegenüber« verstanden wurde. Eine der zu ihrer Zeit

Wachspuppe mit Glasaugen, England, 18. Jh.

wohl bekanntesten Modistinnen war Rose Bertin, bei der auch Marie Antoinette Modellpuppen bestellte, die sie ihren Schwestern und ihrer Mutter, Kaiserin Maria Theresia von Österreich, schickte. Diese Puppen waren an allen europäischen Höfen gleichermaßen begehrt. Die französische Revolution jedoch mit ihren ungeheuren gesellschaftlichen Umwälzungen wirkte sich auch auf die Mode aus. Der geschäftstüchtigen Rose Bertin aber gelang es, nach den Wirren der Revolution in London wieder einen Modesalon zu eröffnen, mit dem sie ihre ehemaligen, nunmehr emigrierten Kunden aus dem französischen Adel zurückgewinnen konnte. Langsam bevorzugte man auf Grund der gesellschaftlichen Umstrukturierung auch in Frankreich und Deutschland eine bequemere und zweckmäßigere Kleidung, die von England ihren Ausgang genommen hatte. Dadurch wurde die höfische Modepuppe allmählich verdrängt. Zudem brachten die Engländer um 1790 einen ganz neuen Typ der Modepuppe heraus, der bis heute ein beliebtes Kinderspielzeug geblieben ist: die flachen Ausschneidepuppen aus Karton, denen man zahlreiche verschiedene, ebenfalls aus Karton geschnittene Kleider und Kostüme anlegen konnte, indem man kleine Papierstreifen um die Puppe bog. Die oft lebensgroßen Mannequins waren auch zu Anfang des 19. Jahrhunderts noch beliebt, besonders in dem weit vom Modezentrum abgelegenen Amerika. Der Vormarsch der neuen Modestiche und Modemagazine jedoch löste die Modepuppen um die Mitte des vorigen Jahrhunderts endgültig ab.

Mit der zweiten Hälfte des vorigen Jahrhunderts beginnt dann in Deutschland und Frankreich die umfangreiche Produktion der Porzellan- und Biskuitpuppen, die heute den Hauptteil der meisten Sammlungen ausmachen. Daneben gewannen besonders in England wunderschöne Wachspuppen die Herzen der Kinder und Puppenliebhaber. Jedoch blieben die einfachen und billigeren Holzpuppen in den Kinderstuben zahlenmäßig am weitesten verbreitet.

HOLZPUPPEN

Holzpuppen wurden überall dort produziert, wo waldreiche Gegenden das Material zur Verfügung stellten, und von dort aus in aller Herren Länder exportiert. Bereits seit dem 16. Jahrhundert verwendeten Maler und Bildhauer als Modelle für ihre Figuren und Bewegungsstudien Atelierpuppen. Von dem großen französischen Maler Nicolas Poussin (1594-1665) ist bekannt, daß er bekleidete Puppen auf einem Tisch arrangierte, um an ihnen die Figurenkomposition für seine Gemälde zu studieren. Die meist aus Birkenholz gefertigten Gliedermänner konnten jede gewünschte Haltung einnehmen und scheinen häufig aus den Schnitzzentren um Regensburg und Salzburg zu stammen.

Im 17. Jahrhundert entstanden in dem Puppenzentrum Sonneberg in Thüringen gedrechselte bemalte Holzdocken mit geschnitzten angesetzten Armen und spitzigen angeleimten Näschen, die sich durch ihre schlanke Taille und schmale Gestalt von ihren in den Alpen und im Erzgebirge geschnitzten Schwestern unterscheiden. Die Oberammergauer Schnitzer waren für ihre gedrehten Wickeldocken bekannt, während beispielsweise Berchtesgaden bevorzugt sog. Schepper-Dockinnen und Fatschenpuppen herstellte. Aus dem waldreichen Grödnertal verkauften Händler und Hausierer die Schnitzpuppen bis nach Bayern und Italien. Die Puppen aus dem Grödnertal haben angesetzte Nasen und aufgemalte schwarze Haare, in denen häufig ein geschnitzter gelber Kamm steckt. Die nicht von der Kleidung verdeckten bemalten Teile wurden mit einer Gipsmischung grundiert und das Gesicht der Puppe, wie auch in Sonneberg häufig, mit Brotteig überarbeitet. Ursprünglich tirolerisch dürfte auch der Typ der sog. Flandern-Babies, Holland-Puppen oder Dutch-Dolls sein, die seit dem 17. Jahrhundert in Massen von Holland nach England exportiert wurden. Diese einfachen Püppchen hatten kugelrunde Köpfe mit aufgemaltem, streng gescheiteltem Haar und gemalten Gesichtszügen mit roten Apfelbäckchen. Sie wurden über einen langen Zeitraum hin fast unverändert hergestellt, wobei sich die frühen Exemplare durch eine stark abfallende Schulterpartie zu erkennen geben.

Königinnen und Puppen waren schon immer Freundinnen, wie die Geschichte der Modellpuppen bewiesen hat. Die sog. Queen-Anne-Puppe steht allerdings nur in zeitlichem Zusammenhang mit der englischen Königin (1702-1714), deren Namen sie trägt. Auch dieser Puppentyp konnte sich mit seinem charakteristischen Aussehen bis ins 19. Jahrhundert behaupten. Oft haben diese Puppen weiße Glasaugen mit schwarzen Pupillen und entsprechen mit der überhohen Stirn, den kräftig gemalten Pausbäckchen und den kleinen gespitzten Mündchen ganz dem damaligen englischen Schönheitsideal. Der in den Proportionen zu groß geschnitzte, bemalte und lackierte Kopf ist in einem Stück mit dem gedrechselten Körper gearbeitet, während die Arme separat mit Lederschlaufen an den Schultern befestigt sind. Die Hände weisen meist charakteristische gabelartige Einkerbungen zwischen den Fingern auf.

Eine andere englische Königin teilte in ihren Jugendjahren als Prinzessin die Leidenschaft für Puppen mit den heutigen Sammlerinnen. Sie verhalf damit den einfachen hölzernen Holland-Puppen zu königlichem Ruhm. Obwohl zu ihrer Zeit längst Wachs- und Parian-Puppen in Mode waren, sammelte Königin Victoria (1819-1901) als junges Mädchen die einfachen Holzgliederpuppen mit den roten Backen und spitzen Näschen. Von den zwischen 8 und 30 cm großen Püppchen ihrer Sammlung legte sie einen handgeschriebenen Katalog mit der Überschrift »Liste meiner Puppen« an. Die Sammlung, die

Gedrechselte und bemalte Holzdocke, Erzgebirge, 19. Jh.

heute noch im Kensington-Palast aufbewahrt wird, in dem Victoria ihre Mädchenjahre verbrachte, umfaßt 132 Puppen, von denen sie 32 mit Hilfe ihrer Gouvernante, Baronesse Lehzen, selbst einkleidete. Hierbei stehen die kostbaren Gewänder in reizvollem Gegensatz zu den derben Püppchen, unter denen sich, was höchst selten ist, auch acht Herren befinden. Die Puppen stellen in ihren reichen Kostümen meist zeitgenössische berühmte Künstler in ihren gefeierten Bühnenrollen dar.

Ebenfalls typisch englisch sind die *Pedlar-Dolls,* Trödler- bzw. Hausiererpuppen, meist aus Holz, seltener auch aus Wachs und Papiermaché. Sie stellen vorwiegend alte Frauen in Mantel und Haube dar, die ihre Waren auf einem Bauchladen feilbieten. Wie die Hausierer des 18. und 19. Jahrhunderts, die über die weitverstreuten Gehöfte zogen, um Waren und Neuigkeiten in entlegene Gegenden zu bringen, tragen auch die Puppen oft Namensschilder mit dem Lizenzdatum an ihrem Tablett.

Den Hausierer-Puppen ähnlich sind die »Wahrsagerinnen«, doch ziert sie meist eine weniger lumpige, gefälligere Kleidung. Oft halten sie einen Zeigestock in Händen, und wenn man sie auf ihrem beweglich angebrachten Untergrund dreht und dann beliebig anhält, deuten sie auf einen der Sinnsprüche, die in den ausklappbaren Falten ihrer Röcke aus Buntpapier aufgemalt sind.

Zur selben Kategorie gehört auch die »Kleine Nähmamsell«. Sie ist aus verschiedenen Nähutensilien zusammengesetzt und trägt Nadel, Faden, Fingerhut und Schere bei sich. Das Nadelkissen bildet oft den Rock, in den Stecknadeln mit bunten Köpfen zu hübschen Mustern gesteckt sind.

WACHSPUPPEN

Neben dem einfach zu bearbeitendem Holz zählt Wachs zu den beliebtesten Materialien der älteren Puppen, da es auf verschiedenste Arten zu verwenden ist. Es kann modelliert, geformt oder gegossen werden, ist leicht einzufärben und besonders geeignet für die Hände, die Büste und den Kopf, dem es einen zarten durchscheinenden Teint verleiht. Zudem besteht in den katholischen Ländern eine alte Wachs-Tradition als Bildmaterial für Krippenfiguren und Votivgaben.

Alle europäischen Länder stellten Wachspuppen her. So war beispielsweise im 17. Jahrhundert der Augsburger Daniel Neuberger für seine schönen Wachspuppen berühmt. Eine ehrwürdige Tradition in dieser Kunst hatte besonders England vorzuweisen. Sie gipfelte in den hinreißenden Puppenschöpfungen der Montanaris, die um die Mitte des 19. Jahrhunderts die führenden Wachspuppenhersteller wurden. Bei den frühen Vorläufern setzte man

»Pedlar-dolls«, Händlerpuppen, England, 1. Hälfte 19. Jh.

nur wächserne Büsten auf Holz- oder Kalikokörper, während Arme und Beine erst später aus Wachs geformt wurden. Eine bekannte Hoflieferantin für englische Wachspuppen gibt dank ihrer Geschäftsanzeige von 1711 Einblick in ihre Werkstatt: »140 lebensgroße Figuren, alle von Mrs. Salmon selbst hergestellt, die außerdem aller Arten Formenteile und dazu Glasaugen verkauft und volle Unterweisung in ihrer Kunstfertigkeit erteilt«. Eine zweite Frau wurde von London aus durch ihre Wachsfiguren berühmt. Mme Tussaud, deren Wachsfigurenkabinett heute noch weltbekannt ist, nahm für ihre leider durch einen Brand zerstörten Originalfiguren Wachsabgüsse von den in der französischen Revolution durch die Guillotine umgekommenen Opfern.

Leider sind viele schöne Wachsköpfe durch die Methode, das Haar in einem Schlitz auf dem Scheitel einzusetzen, gerissen. Haltbarer sind entgegen diesen »Ball-Köpfen« die sog. Kürbisköpfe, die, um 1840-1860 entstanden, anmodellierte Haarfrisuren tragen. Wie auch bei den Holzpuppen haben die frühen Beispiele aufgemalte Gesichtszüge, während bewegliche Glasaugen um 1825, Schlafaugen gegen 1870 und seitlich bewegliche Glasaugen um 1880 wie auch bei Puppen aus anderen Materialien Verwendung finden.

Die englischen Wachspuppen zählen zu den künstlerisch und qualitativ hochwertigsten Puppen, deren Köpfe und Glieder erst modelliert und dann in Einzelformen gegossen wurden. Unter Königin Victoria haben Hersteller wie Pierotti, Marsh und Edwards die Wachspuppen berühmt gemacht; ihnen allen voran aber die Familie Montanari, die mit ihren 1851 auf der Londoner Weltausstellung dargebotenen Puppen weltweit Aufmerksamkeit erregte. Vor dieser Zeit wirkten die Puppen gern ein bißchen stumpf und trocken im Ausdruck. Die Montanaris kreierten Puppen im viktorianischen Schönheitstyp mit kleinen Herzmündchen, großen blauen Augen, langen Wimpern, mollig gerundeten Schultern und Armen mit kleinen Speckfältchen. Dabei stellten sie, wie die Weltpresse konstatierte, nicht nur die üblichen Puppendamen aus, sondern Puppen jeden Lebensalters vom Kleinkind bis zur erwachsenen Frau. Eigentlich machten erst diese Montanari-Puppen die Babypuppen populär. Zudem bedeuteten die Puppen qualitative Spitzenleistungen. Köpfe, Arme und Beine waren aus Wachs und mittels Schnüren und Ösen oder mit Fäden an einen Ziegenlederbalg genäht. Den im Ausdruck reich variierten Köpfchen wurde höchste Sorgfalt gewidmet. Wimpern und Augenbrauen waren eingesetzt und die Haare einzeln mit einer heißen Nadel in den Kopf eingepflanzt. Von den meist schwarzhaarigen Puppen der Montanaris unterscheiden sich die Puppen der italienischen Einwandererfamilie Pierotti im Ausdruck und in technischen Einzelheiten. Pierotti-Puppen haben in Büscheln kreisförmig um den Kopf eingesetzte Haare und einen besonders dunklen, zart schimmernden Teint, der auf einem streng gehüteten Geheimrezept des Wachseinfärbens beruht.

Wachspuppe im Taufkleid mit beweglichen Augen und echtem Haar.

Die Pierottis, Puppenmacher von 1780 bis 1930, haben auch Porträtpuppen produziert, wie beispielsweise den britischen Oberbefehlshaber im Burenkrieg, Lord Roberts, und stellten dem aufkommenden Trend entsprechend Babypuppen mit echtem Haar, Wimpern- und Augenbrauen her. Pierotti-Puppen kennzeichnen leicht seitwärts geneigte Köpfe mit einem hellwachen Gesichtsausdruck und oft ein kurzgeschnittener blonder Lockenkopf.

Charles Marsh fertigte in London seit 1870 Papiermachépuppen mit weißen ausgestopften Leinenkörpern und langen blonden, in Büscheln eingesetzten mittelgescheitelten Haaren. Die zarten Gesichter mit ihrem feinen Wachsüberzug haben ebenfalls Echthaarbrauen und Wimpern und zwei charakteristische rote Pünktchen in den Nasenlöchern. Wie umfangreich die Produktion englischer Wachspuppen in der zweiten Hälfte des 19. Jahrhunderts gewesen ist, zeigt die Nachricht, daß John Edwards in der Waterloo Road in London im Jahr 1870 pro Woche 20000 Wachspuppen hergestellt haben soll.

Deutsche Wachspuppen zählen, anders als die englischen, meist zum billigeren Spielzeug. Denn über das fertig bemalte Papiermachéköpfchen wurde lediglich eine dünne Wachsschicht durch Eintauchen in flüssiges Wachs gezogen, wodurch das Gesicht einen zarten, hautähnlichen Schimmer erhielt.

PAPIERMACHÉPUPPEN AUS SONNEBERG

Im deutschen Puppenzentrum Sonneberg beherrschten lange Zeit Holzpuppen den Markt, deren Gesichter mit Brotteig überarbeitet wurden. Erst als die Herzoginwitwe Luise Leonore von Sachsen 1805 den Gebrüdern Müller ein Privileg zur Verwendung von Papiermaché für Spielzeug erteilte, konnte dieses Material einen Siegeszug in der Puppenindustrie Thüringens antreten. Papiermaché war kein neues Material bei der Spielzeugherstellung. Es war nur über einen langen Zeitraum in Vergessenheit geraten. Philibert Delorme erwähnte in seinem Architekturtraktat aus dem Jahr 1567 bereits eine neue Technik, bei der Puppen aus in Formen gepreßtem Papiermaché hergestellt wurden. Auch Frankreich und Österreich verwendeten im 18. Jahrhundert dieses Material, aus dem man beispielsweise hübsche Galanteriewaren fertigte. Doch die ersten Papiermaché-Puppenköpfe entstanden erst nach 1806 in Thüringen, das lange Zeit allein Papiermachépuppen produzierte. Anfangs wurden, wie auch beim Wachs, die Köpfe frei modelliert, und erst gegen 1820 ging man dazu über, sie in Formen zu drücken. Kurz vor der Jahrhundertwende im Jahr 1894 erhielt der Modelleur Martin Heidler ein Patent für eine gießfähige Papiermachémasse, die nicht mehr in Formen gepreßt werden mußte, sondern wie Porzellanmasse in Gipsformen gegossen werden konnte. Der entscheidende Schritt in der Herstellung der Papiermachépuppen gelang jedoch Heinrich Stier schon um die Jahrhundertmitte. Stier war jahrelang in London tätig, um dort die Wachspuppenherstellung gründlich zu erlernen. In die Heimat zurückgekehrt, gründete er 1852 eine Fabrik von »wachsierten Papiermachétäuflingen«.

Der sog. Sonneberger Täufling geht eigentlich auf den Puppenfabrikanten Edmund Lindner zurück. Auf seiner Reise zur Londoner Weltausstellung im Jahr 1851 scheint ihn eine japanische Puppe derart beeindruckt zu haben, daß er diese nach seiner Rückkehr gleich in Holz mit eingehängten Gliedmaßen und beweglichen Händchen und Füßen kopieren ließ und mit einem weißen Taufhemdchen bekleidete, das der Puppe ihren Namen einbrachte. Der große Erfolg war dem Täufling allerdings erst in Heinrich Stiers Ausführung beschieden. Er kreierte einen Papiermachékopf mit fleischfarbenem Wachsüberzug, der durch übergestreuten Weizenpuder seinen babyhaft-flaumigen Teint erhielt.

Papiermachépuppen mit Wachsüberzug wurden vorwiegend von Lindner, Stier und Charles Motschmann hergestellt. 1878 gelang es Heinrich Stier sogar, dieses Material so zu präparieren, daß es fortan waschbar und hitzebeständig war.

Gerade diese Vorteile zeichnen auch die Porzellan- und Biskuitpuppen aus, die von den heutigen Puppensammlern am meisten begehrt werden.

PORZELLAN-, PARIAN- UND BISKUITPUPPEN

Kaum älter als 130 Jahre, gehören die Porzellanpuppen noch in die eigene, durch unsere Großelterngeneration überlieferte Vorstellungs- und Erinnerungswelt und tauchen immer wieder auf dem einen oder anderen Dachboden auf.

Obwohl das Porzellan bereits 1710 von Böttger in Meißen erfunden wurde, kommen Porzellanpuppen aus dem 18. Jahrhundert im Handel kaum vor. Die frühesten, um 1800 entstandenen Beispiele mit aufgemalten, damenhaften Gesichtszügen tragen anmodellierte, meist enggedrehte Löckchen, die gegen 1830 den hohen zurückgekämmten Frisuren mit Krönchen und Ohrenschnecken weichen. Eine Faustregel sagt, daß Köpfe mit stark abfallenden Schultern und Augenlidern, die mit einer feinen roten Linie angedeutet werden, meist früh entstanden sind. Die Haartracht, dank der ständig wechselnden Mode immer eine gute Datierungshilfe, zeigt um 1860 gern Wasserfall- oder Chignonfrisuren, die um 1890 zu Ponnies oder den sog. Simpelsfransen geschnitten werden. Allerdings darf man sich nicht zu sklavisch an diese Angaben

F 2   Puppe unbekannter Herkunft, ca. 1845.
Sog. »Ballkopf« aus Composition mit Wachsüberzug, Scheitelschlitz zum Einsetzen der Haare, schwarze, irislose Schlafaugen, blonde, gut erhaltene Perücke.
Stoffkörper mit Sägespänen gefüllt, rote Lederarme, Kleidung original, gut erhalten mit kompletter Unterwäsche (Höschen, Hemdchen, Unterröcke).
H 69 cm   1 400,–/2 500,–

F 3   Fernand Gaultier (?), Frankreich, 1880.
Beschreibung bei Kat.-Nr. 22

F 4   Société Française de Fabrication de Bébés et Jouets, Frankreich, o. J.
Marke: » # 251 Paris«
Kurbelkopf aus Biskuitporzellan mit blauen Schlafaugen, offener Mund mit zwei angegossenen Zähnen und beweglicher Zunge, schwarze Mohairperücke.
Gliederkörper aus Holz mit Kugelgelenken, Kleidung original.
H 57 cm   5 500,–/7 500,–

F 2

F 3

F 4

klammern, da identische Köpfe über einen längeren Zeitraum ausgeformt wurden und speziell die kleineren, unbedeutenderen Manufakturen in Thüringen frühe Modelle auch später noch kopiert haben.

Die frühen, hochglasierten Köpfchen aus Hartporzellan zieren meist anmodellierte schwarze Haare, während die unglasierten, ohne Farbgebung gebrannten Köpfchen, die man wegen ihrer Ähnlichkeit zum berühmten parischen Marmor auch »Parian« nennt, meist blonde Frisuren tragen. Wie auch bei den anderen Materialien waren die frühen Beispiele meist Schulterköpfe, häufig sogar mit einem naturalistisch modellierten Brustansatz, die erst gegen 1850 einen beweglichen Halsansatz erhielten.

Im zweiten Drittel des 19. Jahrhunderts vollzog sich der Übergang von der hölzernen Gliederpuppe zum Porzellanpüppchen mit Unterarmen und Unterschenkeln aus Porzellan. Die Köpfchen waren anfangs meist massiv und Haare, Strümpfe und Schuhe anmodelliert und aufgemalt.

Technisch wie von der künstlerischen Wirkung her müssen wir Porzellan-, »Parian-« und Biskuitköpfe unterscheiden.

Parian kam um 1850 in Mode. Besonders schöne, zwischen 1850 und 1870 entstandene Parianköpfe haben sich aus der Dresdner Porzellanmanufaktur erhalten. Zu einzigartigem Ruhm haben es dann die sog. Biskuitpuppen gebracht mit ihrem zarten, pfirsichsamtenen Teint, den übergroßen Augen, den kleinen, oft keck geöffneten Mündchen und dem unvergleichlichen kindfraulichen Gesichtsausdruck.

Die ersten unglasierten, matt schimmernden Biskuitköpfe wurden in deutschen Porzellanmanufakturen hergestellt, aber die französischen Puppenfirmen haben hierin bald die Führung übernommen und die zauberhaften »poupées de luxe« entwickelt. Diese Puppen konnten schnell die Herzen aller jungen und älteren Puppenmütter erobern und so wurden sie um 1860 bereits in Thüringen, Bayern, Paris und Limoges hergestellt.

Die schönsten Biskuitpuppen schreibt man der 1840 gegründeten französischen Puppenfirma Jumeau zu. Anfangs hat sie für ihre Puppen Biskuitköpfe anderer Hersteller wie z. B. von Ferdinand Gautier verwendet oder sie aus Deutschland importiert. Aber bereits 1862 ging sie dazu über, auch die Köpfe selbst zu formen, und ab 1873 betrieb Pierre François Jumeau eigene Porzellanbrennöfen in Montreuil und war somit von fremden Zulieferern gänzlich unabhängig. Die Produktion umfaßte Puppen in 14 verschiedenen Größen bis zu einem Meter. Berühmt wurde die Firma durch ihre »Parisiennes«, »Poupées Modèles« und vor allem durch ihre »Bébé-Puppen«, mit den übergroßen Augen und den kindlichen Zügen. Die Firma Jumeau verwendete im Anfang ebenfalls Schulterköpfe, die auf einem Ziegenlederbalg mit Drahtgestell saßen. Später wurden die Biskuitköpfe meist mit Compositionsgelenkkörpern kombiniert, die mittels Gummibändern oder Kupferdraht nach der Kugel-Haken-Methode verbunden waren. Jumeau gehörte zu jenen Firmen, die alle Puppenteile einschließlich der Augen selbst produzierten. Eine gute Arbeiterin konnte täglich 400 bis 500 Augenpaare von der einfacheren Sorte herstellen, bei denen nur Farbtropfen auf den weißen Augapfel aufgetragen wurden. Bei gleichem Arbeitsaufwand konnten von den *yeux fibres* mit der strahlenden Iris nur ca. 125 Paare produziert werden. Dies macht den großen Preisunterschied verständlich, den Puppen der gleichen Herstellerfirma in der gleichen Zeit kosten können. Aber mehr noch als durch Gesichtszüge und Körper wirken die französischen Puppen durch ihre reiche Ausstattung, wie ein zeitgenössischer Kommentar anläßlich einer Medaillenverleihung für Jumeau vermerkt: »Die Puppen, an denen die Modelle gezeigt wurden, sind selbst keiner Erwähnung wert; doch die Kleider sind wundervolle Creationen. Die Oberkleidung ist nicht nur eine genaue Wiedergabe der gegenwärtig herrschenden Mode bei Damen-Oberbekleidung, sondern auch die Unterkleidung in vielen Fällen eine genaue Nachbildung der zu diesem Genre gehörenden Kleidungsstücke« (zitiert nach M. Hillier).

Die wichtigsten anderen französischen Puppenhersteller waren Bru, Schmitt und Steiner. 1898 vereinigten sich die französischen Puppenmacher Jumeau und Bru unter dem Druck der deutschen Konkurrenz zur *Société Française de Fabrication des Bébés et Jouets* (abgekürzt SFBJ), der sich bald weitere Firmen anschlossen. Diese Fusion bewirkte, daß zahlreiche Puppen mehrfach gemarkt sind. Eine Sammlerin kann also durchaus eine echte unverfälschte Puppe erwerben, die einen »Jumeau«-gemarkten Kopf auf einem Körper von Bru trägt. Die Mitglieder dieser Vereinigung entschlossen sich, fortan selbst keine Porzellan- und Biskuitpuppenköpfe mehr herzustellen, da der Import aus Deutschland billiger war. In Thüringen produzierten an die hundert Porzellanfabriken Puppenköpfe, die aber, wenn sie nach Frankreich gingen, meist die Halsmarke der Besteller aufgepreßt bekamen. Erst als der 1. Weltkrieg die deutsche Produktion ins Stocken brachte, machten sich die französischen Puppenhersteller wieder unabhängig und nahmen die eigene Porzellanproduktion wieder auf.

Gerade bei den französischen Puppenherstellern begann die Werbung eine zunehmend große Rolle zu spielen. Die Pariser Firmen brachten in den sechziger Jahren des 19. Jahrhunderts kleine Modegazetten für Kinder heraus, die nach dem Vorbild der Modeplaudereien für Erwachsene die Puppenmode kommentierten. Im Mai 1866 fand im Jardin Marbille in Paris ein großes Gartenfest für Kinder statt, das neben einer Ausstellung der Puppenmacher und einer Puppentheateraufführung als Programmhöhepunkt eine richtiggehende Schönheitskonkurrenz der zu Besuch gekommenen Puppen mit Prämierung

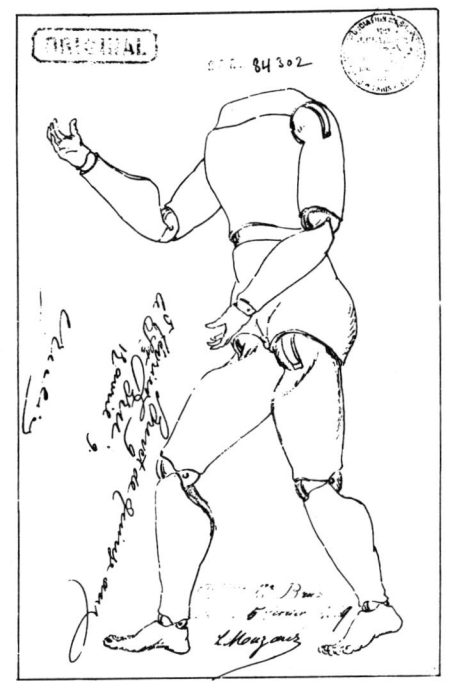

Entwurfszeichnung von Casimir Bru für die Patentanmeldung einer vollbeweglichen Puppe, 1869

vorsah. Dem Bericht in der Kinderzeitung *Gazette de la Poupée* zufolge, bestand das Wahlkomitee und die Jury der Preisverleihung aus Mädchen zwischen zwölf und vierzehn Jahren.

Im Gegensatz zu den aufs reichste nach der neuesten Mode eingekleideten französischen Puppen trugen ihre deutschen Puppenschwestern meist nur Höschen. Zu den wichtigsten deutschen Herstellern zählen die Firmen Simon & Halbig, Kestner, Handwerck, Kämmer & Reinhardt, Armand Marseille, Heubach und Dressel.

Simon & Halbig, der besonders schöne Biskuitköpfe herstellte, arbeitete beispielsweise nach eigenen Entwürfen und nach Vorlagen seiner Auftraggeber. Im immer stärker werdenden Konkurrenzkampf versuchte sich diese Firma in neuen Typen und brachte Negerpuppen und Burmesinnen erfolgreich auf den Markt. Kestner fertigte in seiner 1860 gegründeten Manufaktur Puppenteile und ganze Ausstattungskästen. Er exportierte, vor allem nach Amerika, die berühmten *Kewpies* und *Bye-lo-Babys*. Heinrich Handwerck brachte die *Bébé Cosmopolite* und Max Handwerck 1901 die *Bébé Elite* heraus. Die *Bébé Cosmopolite* hatte einen Kugelgelenkkörper und war häufig mit einem Biskuitkopf von Simon & Halbig versehen. Kämmer & Reinhardt hatte besonderen Erfolg mit seinen Charakterpuppen, die als Erneuerung der oftmals stereotypen Puppengesichter verstanden werden wollten. 1910 annoncierte er eine Krabbelkind-Puppe, die nach einem ca. sechs Wochen alten Säugling modelliert war.

Die Puppen von Armand Marseille lehnen sich mit ihren großen braunen Augen und den dichten Augenbrauen besonders an die französischen Puppenschwestern an.

Die königliche Prinzessin (links) und Prinz Edward (rechts). Wachspuppen, England, um 1844

MINIATURPUPPEN

Eine eigene, in sich geschlossene Welt im Reich der Puppen stellen die kleinsten unter ihnen dar, die Miniaturpuppen. Bei einer Durchschnittsgröße von ca. 10 cm formieren sie sich zu ganzen Jahrmärkten und Kirmessen und bevölkern Dörfer und Ställe. Ab und zu werden sie auch einmal von einer großen Puppe sozusagen als Kindeskind auf dem Arm gehalten. Vor allem jedoch bewohnen richtige Miniaturfamilien die ehrwürdigen alten Puppenhäuser.

Mit möblierten Puppenhäusern scheinen bereits die Kinder der alten Griechen und Römer gespielt zu haben. Aus einem zeitgenössischen Bericht der Renaissancezeit wissen wir, daß der Bayerische Herzog Albrecht IV. 1558 seiner Tochter ein Puppenhaus gekauft hat. Die große Zeit der Puppenhäuser war aber erst das 17. Jahrhundert, aus dem sich zahlreiche, teils sehr aufwendige

Exemplare in verschiedenen Museen erhalten haben. Sie scheinen zuerst in Deutschland gefertigt worden zu sein. Bereits wenig später kamen sie im Zeitalter der holländischen Wohnkultur, die uns von vielen Gemälden, die Interieurs darstellen, vertraut ist, auch in Holland in Mode und eroberten bald darauf England.

Diese Puppenhäuser mit ihrer oftmals noch originalen Ausstattung und ihre Bewohner spiegeln das häusliche Leben vergangener Epochen naturgetreu wider. Ein Lebensbild der vornehmen Nürnberger Patrizierfamilien des 17. Jahrhunderts vermitteln uns die wunderschönen giebelbekrönten Puppenhäuser, die sich im Germanischen Nationalmuseum in Nürnberg erhalten haben. Die mehrstöckigen Gebäude beherbergen im Souterrain Weinkeller, Vorratskammern und Ställe, über denen sich die große Küche mit dem Rauchabzug über dem offenen Herd befindet. Die Zimmer sind dem Stil der Zeit entsprechend reich getäfelt und verschwenderisch mit Nürnberger Zinn und Fayencen ausgestattet. Aber auch die nötigen Utensilien des täglichen Lebens wurden en miniature ausgeführt wie beispielsweise kupferne Wärmebecken und Rasierschalen und in den jeweiligen Zimmern aufgestellt. Der spielerischerzieherische Zweck des Puppenhausspielers für junge Mädchen geht aus einer Anzeige der Anna Köferlin hervor, die ihre Puppenhäuser in der ersten Hälfte des 17. Jahrhunderts in Nürnberg gegen Eintrittsgeld ausstellte: »Meine Puppenhäuser haben den Zweck, Ihnen ein gutes Beispiel eines geregelten Haushaltes vorzuführen. Wenn Sie nach Hause gehen oder wenn Gott Ihnen bald ein eigenes Heim schenkt, werden Sie Ihr Leben und Ihre Pflichten im Haushalt richtig ordnen können« (zitiert nach E. King). Daß das kindliche Spiel mit den Puppenhäusern eine spielerische Einführung in die spätere Rolle der Frau und deren Stellung in der Familie ermöglichen sollte, geht auch daraus hervor, daß gleichaltrige Knaben statt des Puppenhauses ihrer Schwestern mit einem Zeughaus beschenkt wurden, das entgegen den häuslichen Tugenden der Mädchen die Tapferkeit und Stärke der Buben fördern sollte.

Anders als die behaglichen deutschen Puppenhäuser scheinen die holländischen Puppenhäuser mehr als Schaustück denn als Kinderspielzeug gedient zu haben. Oft handelt es sich dabei um kostbare Puppenschränke aus Nußbaumholz oder Mahagoni, die heute in den Museen von Den Haag, Amsterdam und Utrecht, einer Kleinodiensammlung entsprechend mit erlesenen Miniaturobjekten wie echten Delfter Fayencen, ostasiatischem Porzellan und Silbergerät en miniature ausgestattet sind.

Die kleinen Figürchen, welche die Puppenhäuser bewohnen, stellen die gesamte Breite der damaligen gesellschaftlichen Skala vor. Die Puppenhausfamilien umfassen neben dem Hausherren und seiner Gattin Verwandte, Kinder und Säuglinge. Sie werden von einer Schar Hausangestellter bedient und vom

Küchenpersonal bewirtet. Leider hat sich im berühmten, 1639 datierten sog. Stromer-Haus, das eine einzigartige Küchenausstattung an Zinn, Kupfer und Messing besitzt, nur eine einzige Puppe erhalten: Im Kinderzimmer liegt ein Baby aus Wachs mit schwarzen gemalten Augen in einer silbernen Filigranwiege. In einem anderen Nürnberger Puppenhaus aus der zweiten Hälfte des 17. Jahrhunderts hat sich eine Wachspuppe erhalten, die ursprünglich als Nadelkissen gedient hat, außerdem zwei Puppen aus Gips mit Wachsüberzug und zwei weitere Wachspuppen, bei denen die Beine sockelartig geschlossen auf einer runden Standfläche befestigt sind. Alle Püppchen dieses Hauses, das heute ebenfalls im Germanischen Nationalmuseum untergebracht ist, haben Augen aus schwarzen Glasperlen.

Das älteste holländische Puppenhaus der Margaretha Ruyters aus der Mitte des 17. Jahrhunderts, steht heute im Rijksmuseum in Amsterdam. Im seidentapezierten Gesellschaftszimmer mit bemalter Decke sitzt eine Wachspuppe, die in Goldspitzen gekleidet ist. Im Niederkunftszimmer hält eine Kinderschwester einen Säugling im Arm, während die junge Mutter daneben im Bett liegt. Die Puppen des Ruyter-Hauses haben nach Ständen unterschiedene Köpfe aus Wachs, ebenso wächserne Unterarme und Unterschenkel, während die Körper ähnlich wie bei Krippenfiguren aus Draht geformt und mit Seide umwickelt sind.

Neben Puppen waren ganze Puppenhäuser beliebte königliche Geschenke. Die nämliche englische Königin Anne, nach der die hölzernen Queen-Anne-Puppen benannt sind, hat ihrem Patenkind Anne Sharp, der Tochter des Erzbischofs von York ein prächtiges Puppenhaus geschenkt, das sich noch heute in Familienbesitz befindet. Durch einen glücklichen Umstand sind uns die kleinen Bewohner dieses Hauses, teils Wachs- und teils Holzpüppchen, sogar namentlich bekannt, denn sie tragen zeitgenössische Namensschildchen. Der Butler heißt Roger und die Puppe in Häubchen und Schürze ist Hannah, die Haushälterin. Lady Jemima Johnson mit ihrem zornigen Gesichtsausdruck ist aus Holz geschnitzt und in gestickte Seidenkleider gehüllt, während William Rochet aus Wachs geformt ist. Er hält den Mund leicht geöffnet, so daß die Zunge sichtbar ist und hat blaue eingesetzte Glasaugen mit schwarzen Pupillen, die zu seinem hellblauen Seidenanzug passen. Andere Puppen dieses Hauses haben nur einen ausgearbeiteten Oberkörper und ein Unterteil aus gerollten Spielkarten, das von den Kleidern kaschiert wird. Auch in dem berühmten, um 1730 entstandenen Uppark-Baby-Haus, das seit Generationen in der Familie gepflegt worden ist, bestehen die kleinen Bewohner aus verschiedenen Werkstoffen. Die Herrschaftsfamilie wurde in Wachs modelliert, während die Dienerschaft aus billigem Holz besteht. Das Uppark-Haus besitzt, wie die meisten sog. Baby-Häuser, ebenfalls ein eigenes Niederkunftszimmer. In einem prächtigen Himmelbett ruht die junge Mutter neben ihrem Wachsbaby in der Wiege, während ein junges Kinderfräulein aus Holz das Neugeborene bewacht.

Eigentümlicherweise scheinen die Puppenhäuser vorübergehend aus der Mode gekommen zu sein und erfreuten sich erst in der zweiten Hälfte des 19. Jahrhunderts wieder allgemeiner Beliebtheit. Waren die frühen Beispiele hervorragende Arbeiten der jeweiligen Werkmeister – das Haus kam vom Schreiner, das Miniaturzinn vom Zinngießer und das kleine Kupfergerät vom Kupferschmied – so wurden Puppenhäuser seit der Biedermeierzeit auch serienmäßig in verschiedenen Größen hergestellt und von Puppen der verschiedensten Machart bewohnt. Um 1870 gingen die Puppenfirmen dazu über, ganze Puppenhausfamilien fabrikmäßig herzustellen, die nach Größe und Kleidung unterschieden waren. Dabei drücken sich die Standesunterschiede nicht nur in der Kleidung aus, sondern treten auch in der unterschiedlichen Ausführung zu Tage. Die Hausbesitzer und ihre Familienangehörigen haben oft Biskuitköpfe mit eingesetzten Glasaugen und Echthaarperücken, während die Dienerschaft mit einfachen Steingutköpfen und aufgemalten Augen vorlieb nehmen muß. Die Entstehung dieser Miniaturwelt, die meist in sehr mühseliger Heimarbeit vor sich ging, schildert Charles Dickens in ergreifender Weise in seinem »Wintermärchen«: »Caleb und seine Tochter saßen zusammen bei der Arbeit in ihrer gewöhnlichen Arbeitsstube, die ihnen zugleich als Wohnstube diente, und es sah seltsam darin aus. Man sah Häuser darin, fertig und halbfertig für Puppen aller Lebenslagen, Vorstadtwohnungen für Puppen von mäßigen Mitteln, Küchen und einzelne Zimmer für Puppen aus der niederen Klasse, prachtvollste Stadtpaläste für Puppen des höchsten Ranges. Einige von diesen Häusern waren bereits für die Bequemlichkeit von Puppen mit beschränktem Einkommen möbliert, andere konnten jeden Augenblick in kostspieligstem Maßstabe aus ganzen Gesimsen voller Sessel, Tische, Sofas, Bettstellen und anderer Möbel ausgestattet werden. Der Arme, der Mittelstand und die große Masse, für deren Bequemlichkeit die Behausungen berechnet waren, lagen da und dort in Körben, starren Blicks nach der Decke hinaufsehend. Aber bei der Bezeichnung der Grade in der Gesellschaft und bei der Zuweisung an die Schichten, in die sie gehörten, eine Aufgabe, die erfahrungsgemäß in der wirklichen Welt so schwer ist, hatten die Hersteller dieser Puppen die oft so eigensinnige und verkehrte Natur ganz außerordentlich verbessert. Sie begnügten sich nicht mit den willkürlichen Anzeichen von Seide, Kattun und schlechten Fähnchen, sondern hatten augenscheinlich persönliche Unterschiede anzubringen verstanden, die keinen Irrtum aufkommen ließen. So hatte zum Beispiel die Puppenlady von Stand Wachsglieder von vollkommenem Ebenmaß, die sich aber nur bei ihr und ihren Standesgenossinnen fanden. Die nächste Stufe auf der gesellschaftlichen Leiter war dagegen aus Leder gemacht, die darauffolgende aus grobem Leinenstoff. Was das gemeine Volk betraf, so hatten sie statt der Arme und Beine Schwefelhölzchen aus den Zündbüchsen, und so waren sie mit einem Schlage in ihre Sphäre versetzt, ohne die Möglichkeit, je wieder herauszukommen« (zitiert nach A. Bachmann).

In dem 1864 gebauten sog. York-Haus hat sich eine Puppenfamilie erhalten, deren Einkaufspreise sogar von der damaligen Besitzerin aufgeschrieben und erhalten geblieben sind. Die Hausfrau, eine deutsche Holzpuppe mit wachsüberzogenem Kopf und Echthaarfrisur kostete 6 Pence, die Porzellanpüppchen im Wohnzimmer 1 Shilling und 4 Pence, das Küchenpersonal aus Biskuit 1 Shilling, das Baby gar nur einen Penny und der Porzellanmops immerhin den sechsfachen Preis des Babys, nämlich Sixpence.

In dem Zeitraum zwischen 1850 und dem 1. Weltkrieg waren die »Gefrorenen Charlotten« oder *Frozen Charlottes* in Mode. Diese Miniaturpüppchen leiten ihren Namen von einer amerikanischen Moritatenheldin her, die um 1830 aus Eitelkeit eines Nachts erfror. Die kleinen, ca. 10 cm hohen Püppchen waren in einem Stück aus Porzellan gegossen und bildeten sozusagen das keramische Gegenstück zu den hölzernen *Pennywoods* und den Flandern-Babies. Wenn sie aus glasiertem Porzellan bestanden, zierten sie meist schwarze aufgemalte Frisuren, während die Biskuitpüppchen vorwiegend blond waren. Sie tragen aber auch anmodellierte Häubchen oder eine Perücke. Die »Gefrorenen Charlotten« fanden vielfach Verwendung. Die frühen, oft als Babies ausgeformten Exemplare wurden gern von größeren Puppen auf dem Arm getragen. Natürlich bewohnten sie auch Puppenhäuser oder bedienten in Kaufläden und Putzgeschäften. In England herrschte der Brauch, besonders kleine »Gefrorene Charlotten« von ca. 2 cm Höhe zu Weihnachten in den Plumpudding einzubacken. Die Freude war dann bei demjenigen am größten, der das Püppchen in seinem Stück fand. Bei Damenkränzchen wurden die Püppchen zum Umrühren des Tees verwendet und anschließend den Gästen als Erinnerung geschenkt.

Einen eigenen Typus unter diesen Puppen stellen die sog. Badekinder dar, die allerdings von Miniaturformaten bis zu ausgewachsener Puppengröße heranwachsen konnten. Sie waren vorwiegend zwischen 1870 und 1890 in Mode. Da ihr Porzellankörper hohl ist, können sie von den Puppenmuttis mit in die Badewanne genommen werden. Sie schwimmen, und mit ihren aufgemalten Gesichtszügen und Haaren können sie vorzüglich gewaschen werden, ohne zu verderben oder abzufärben. Meist sind sie barfuß, manchmal tragen sie aber auch aufgemalte Schuhe. Charakteristisch ist ihr stämmiger Kinderkörper mit den angewinkelten Armen und geschlossenen Fäusten sowie der leicht gegrätschten Beinstellung.

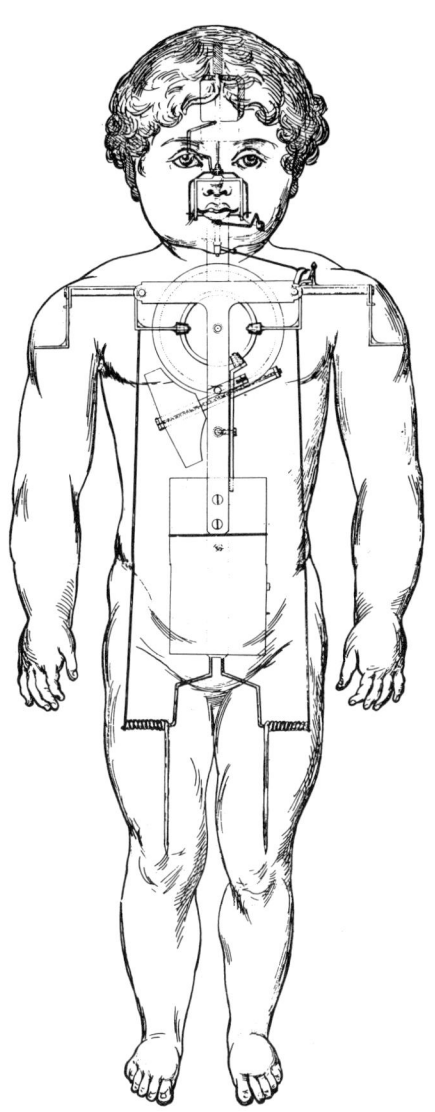

Steiners Patent für eine Laufpuppe, 1855

Neben den Damenpuppen, Charakterkindern, Baby- und Badepuppen mit mehr oder weniger herkömmlichen Körpern entwickelte man immer raffiniertere mechanische Puppen, die in den sog. Automatenpuppen eine lange Tradition hatten.

AUTOMATEN UND MECHANISCHE PUPPEN

Bereits aus der antiken Literatur sind uns Automatenfiguren überliefert. So wird im »Gastmahl des Petronius« eine silberne Puppe erwähnt, die sich wie ein lebendiger Mensch bewegen konnte. Heron von Alexandrien beschreibt in seinem Buch »De automatis« sich fortbewegende Figuren. Ähnliches wird im Mittelalter von Albertus Magnus berichtet, der sich aus Holz, Leder und Messing in jahrzehntelanger Arbeit einen Diener geschaffen haben soll, der neben anderen Verrichtungen die Tür öffnen konnte. Das goldene Zeitalter der Automatenpuppen war, nach der Entdeckung der Unruhe und der Sprungfeder, das 18. Jahrhundert. Die beiden großen Namen in diesem Zusammenhang sind Jacques de Vaucanson und die Familie Droz in Paris. Ersterer, geboren 1738, baute einen »Flötenspieler« mit einer Größe von 1,65 m, der zwölf Stücke spielen konnte. Dabei bewegte er die Finger, Lippen und sogar die Zunge lebensecht. Pierre Jacquet-Droz baute 1770 den sog. Schreiber, einen am Schreibpult sitzenden Knaben, der, nachdem er die Feder ins Tintenfaß getaucht hat, beim Schreiben mit Kopf und Blick der Feder folgt und diese zwischendurch sogar ausklopft, um keine Tintenkleckse auf das Papier zu bringen. Diese Automatenfiguren, darunter ein »Zeichner« und eine »Klavierspielerin« waren so lebensecht, daß die Familie tatsächlich Gefahr lief, vor die Inquisition zitiert zu werden.

Auf der Londoner Weltausstellung von 1851 stellte J. A. Albert einen Mohren-Zauberer vor, der sich mit einem Messer den eigenen Kopf abzuschneiden schien.

Seit langem versuchten die Puppenhersteller, ihre Geschöpfe das Laufen zu lehren. Diese Bemühungen gipfelten 1862 in den USA endlich in dem Patent der sog. *Autoperipatetikos* (griech. »Selbstläuferin«). Diese Porzellan- oder Parianpuppen hatten über einem ausgestopften Körper mit Ziegenlederarmen unter ihren Röcken einen Uhrwerkmechanismus verborgen, der sie auf metallenen Füßen ruckartig laufen ließ.

Ein anderes, viel bearbeitetes Problem war die Entwicklung der Sprechpuppe. Der Erfinder des Metronoms, Johannes Mälzel (geb. 1783), gab einer Puppe mittels eines Blasebalgs die erste künstliche Stimme, die Mama und Papa sagen konnte. Thomas Edison, der Erfinder des Phonographen, baute 1889 die

Edison-Talking-Doll (Edison Sprechpuppe), eine Biskuitkopfpuppe mit einem Stahlblechkörper, in dem ein Phonograph mit auswechselbaren Platten eingebaut war.

NEUHEITENPUPPEN

Neben diesen mechanischen Spielpuppen gab es zahlreiche andere Neuheiten, die das inzwischen fast unübersehbare Angebot der Puppen bereicherten. 1867 stellte Casimir Bru seine Überraschungspuppe mit zwei Gesichtern vor, die mittels eines Hebels an der Schulter wach war oder ein schlafendes Gesichtchen zeigte. So gab es um 1890 fast alles, was man sich auf diesem Sektor nur vorstellen konnte: Puppen mit voll ausgebildeten Gelenken, die den Kopf drehen, laufen, sprechen, trinken und sogar in die Windeln machen konnten und den Muttis Kußhändchen zuwarfen. Wohl einen Schritt zu weit ging eine amerikanische Puppenfirma, die 1912 eine anatomische Spielpuppe mit aufklappbarem und zerlegbarem Körper anbot, aus der die Eingeweide herausgenommen werden konnten. Eine andere Kuriosität wurde 1914 auf der Leipziger Messe vorgestellt: Eine Puppe mit elastischer Gesichtshaut, die mittels eines Getriebes lächeln und die Stirn runzeln konnte.

Neben solchen Absonderlichkeiten entwickelten sich jene Babypuppen immer lebensechter, die nach Neugeborenen und Säuglingen modelliert wurden, wie beispielsweise der beliebte Sonneberger Täufling mit seinem wachsierten überpuderten Papiermachékopf und dem Teint einer zart beflaumten Säuglingshaut.

PORTRÄTPUPPEN

Nicht nur Säuglinge und Babies waren eine relative Puppenneuheit im 19. Jahrhundert, sondern auch Porträtpuppen, die nach bekannten Persönlichkeiten der Zeit modelliert wurden. Ein besonders beliebtes Vorbild war die englische Königin Victoria, die ja selbst eine leidenschaftliche Puppensammlerin gewesen war. Zahlreiche Puppen stellten sie im Krönungsornat von 1837 dar, aber auch ihre neun Kinder waren beliebte Modelle. In Amerika wurden Washington- und Lincolnpuppen verkauft. Aber auch noch im 20. Jahrhundert erhielt die Firma Jumeau anläßlich eines englischen Staatsbesuches in Frankreich von der französischen Regierung den Auftrag, die Prinzessinnen Margret und Elisabeth, die heutige Königin, als Puppen in Biskuit auszuformen, die 80 cm groß, mit Echthaarperücken und Schelmenaugen eine Ausstattung mit sich führten, die fünfzehn lederne Puppenkoffer mit Silberbeschlag umfaßte. Neben Staatsoberhäuptern waren natürlich Schauspieler sehr beliebte Modelle für Puppen. So zum Beispiel die schwedische Sängerin Jenny Lind, die 1846 umjubelt in München auftrat. Im Nordiska-Museum in Stockholm ist sie noch heute als Puppe mit zwanzig verschiedenen Opernkostümen zu bewundern. Auch so skandalumwitterte Frauen wie Lola Montez, um deren Willen der bayerische König Ludwig I. zurücktreten mußte, waren oft kopierte Vorbilder. Später waren es den neuen Medien entsprechend häufig Filmschauspieler wie der Kinderstar Shirley Temple, die mit ihrem wirklichen hübschen Puppengesichtchen 1934 von der amerikanischen Firma Ideal Toy Corporation als Puppe in eineinhalb Millionenauflage auf den Markt gebracht wurde. Ähnlich beliebt wie die Porträtpuppen nach bekannten Persönlichkeiten waren maskottchenartige Puppen, die nach berühmten Kinderbuchillustrationen gefertigt wurden. Die Zeichnungen Rose O' Neills auf der Kinderseite eines Damenjournals erschienen 1912 als Buch und wurden ein Jahr später als Kewpie-Puppen patentiert. Ebenfalls in Amerika erschien 1895 das Kinderbuch »Die Abenteuer zweier Holland-Puppen und eines Golliwog« nach den Zeichnungen von Florence Upton. Golliwog wurde ebenfalls zu einem dem Teddybär verwandten Maskottchen-Erfolg. In London kreierte die 1879 geborene Zeichnerin Marbel Lucie die »Diddums«, die in den zwanziger Jahren erstmals als Filz- und Plüschpuppen und später auch in Gummi und Zelluloid gearbeitet wurden.

AMERIKAS BEITRAG ZUR PUPPENGESCHICHTE

Zahlreiche Neuerungen kamen, wie bereits die Edison-Puppe oder die Autoperipatetikos aus dem Land der unbegrenzten Möglichkeiten – Amerika.
In der Pionierzeit dieses Landes spielten die Kinder mit bescheidenen Holzpüppchen, den sog. *Pennywoods* oder *Peg Dolls,* die den europäischen Hollandpuppen verwandt sind. Im 18. Jahrhundert importierte Amerika Riesensendungen an Puppen aus England und im 19. Jahrhundert besonders die Puppenköpfe aus Deutschland, die dann mit amerikanischen Puppenkörpern kombiniert wurden. Namhafte amerikanische Puppenhersteller waren deutsche Emigranten wie Greiner, Lacmann und Schoenhut, die aus deutschen Puppenmacherfamilien stammten und ihre lange Tradition und ihr Wissen mit in die neue Heimat brachten.
Neben den bewährten Holz- und Stoffpuppen gewannen neue Materialien wie Gummi und Zelluloid in der Puppenindustrie an Bedeutung. 1851 ließ Nelson Goodyear seine Hartgummipuppe patentieren, nachdem dessen Bruder

Charles Goodyear 1839 mit dem Vulkanisierungsprozeß hierfür die Voraussetzungen geschaffen hatte. Die Gummipuppen konnten zwar gebadet und gefüttert werden, hatten aber den großen Nachteil, daß die Farbe der aufgemalten Gesichter leicht abblätterte und die Puppen dadurch einen traurigen und mitleiderregenden Eindruck erweckten.

Ab ca. 1880 stellte die *Hyatts Celluloid Manufacturing Co. New Jersey* Puppen aus Zelluloid her, einem Material, das 1869 in New York erfunden wurde und bald alle Länder eroberte. Anfangs waren die Puppen aus einem Stück gefertigt, dann ging man auch zur Produktion von Gliederpuppen mit Schlafaugen und Zähnchen über. 1897 wurden sogar Augen aus Zelluloid angeboten. Leider hatten die Zelluloidpuppen besonders für kleinere Kinder den schlimmen Nachteil, feuergefährlich und an den Rändern und kantigen Stellen brüchig zu sein. Heute haben Plastikmaterialien auch den Puppenmarkt erobert. In Amerika werden die Puppen oft mit gewissen Produkten anderer Firmen gekoppelt, um den Konsum stetig im Fließen zu halten. So kam z. B. 1950 die »Toni«-Puppe auf den Markt, deren Haare man waschen und einlegen konnte, wozu natürlich weitere Produkte erforderlich sind. Die »Harriet-Hubbard-Ayer«-Puppe hatte einen ganzen Kosmetikkoffer dieser Firma bei sich, der nach Verbrauch aller Cremes und Wässerchen nachgefüllt werden konnte. Bei uns ist die Barbie-Puppe am bekanntesten geworden, benannt nach der 24jährigen Tochter von Elliot und Ruth Handler, die sie ins Leben gerufen haben. Barbies Puppenmutter kann das Zubehör ihres Lieblings fast unerschöpflich erweitern, so endlos ist das Ausstattungsangebot dieser Puppe.

STOFFPUPPEN

Neben den neuen Werkstoffen und diesen kommerziell ausgerichteten Puppen gewann die sog. Lumpenpuppe oder Stoffpuppe unversehens wieder an Bedeutung und wurde besonders künstlerisch und bewußt auf die emotionellen Gefühle der Kinder hin gestaltet.

Genannt seien hier die Plüschtiere der Firma Steiff, die 1903 in Anlehnung an eine Karikatur von »Teddy« Roosevelt bei der Jagd dem Teddybären zu Weltruhm verhalf, und die Käthe-Kruse-Puppen. Im Jahr 1910 stellte die Schauspielerin und Bildhauersgattin Käthe Kruse auf einer Berliner Ausstellung unter dem Motto »Spielzeug aus eigener Hand« ihre ersten selbstgenähten Stoffpuppen vor, die nach dem Aussehen ihrer eigenen Kinder und für diese gefertigt waren. Ihre Puppen, die weniger überzeichnet waren als die sog. Charakterpuppen, sondern wirklich naiv und kindlich wirkten, erwiesen sich als Riesenerfolg und wurden später auch in Zelluloid und Plastik ausgeführt.

Teddy, Sonneberg, um 1955

Japanische Papierpüppchen in Seiden-kleidern, 20. Jh.

Italien lieferte seinen Beitrag durch die den Käthe-Kruse-Puppen ähnlichen Lenci-Modelle von Enrico Scavini, die als Handelsmarke den Kosenamen seiner Frau tragen. In Amerika wurden 1873 die *Ragdolls* von Izannah Walker patentiert, die, in Formen gepreßt, kommerziell hergestellt wurden. Berühmt wurden auch die sog. Chase-Strumpfpuppen, die in Lebensgröße als Modellpuppen für Schwesternkurse an Krankenhäusern Verwendung fanden. Eine Neuerung stellten im Bereich der Stoffpuppen die 1892 von Palmer Cox patentierten *Brownies* dar. Die *Brownies* sind den Ausschneidepuppen aus Papier ähnliche Stoffdruckpuppen, die von den Puppenmüttern selbst ausgeschnitten, zusammengenäht und ausgestopft werden können.

JAPANS PUPPENFESTE

Einen ganz eigenständigen Beitrag zur Geschichte der Puppen liefert Japan mit seinen traditionellen Puppenfesten. An zwei Tagen im Jahr, am 3. März für die Mädchen und am 5. Mai für die Knaben, feiert Japan zeremonielle, lehrhafte Feste, bei denen die sog. *hina-ningyuo,* die Festpuppen, im Mittelpunkt stehen. Wohl aus dem uralten Reinigungsritus hervorgegangen, veranschaulichen diese Feste heute die Tradition und Bedeutung von Ehe, sozialer und gesellschaftlicher Ordnung und Verehrung des Herrscherhauses, die den Heranwachsenden vermittelt werden sollen. Zu diesem Zweck werden im besten Zimmer des Hauses fünf bzw. sieben Regale aufgebaut, auf denen man die fünfzehn Puppen in ihren roten Prachtgewändern plaziert, die zu diesem Fest gehören. Zu unterst stehen drei niedrige Diener – *stricho* genannt. Darüber finden die *zuishin,* bewaffnete Garden, Platz, über denen die *goninhayashi,* die Musikanten, spielen. Über ihnen sind drei *kanjo,* die Hofdamen, aufgebaut und darüber thronen im obersten Regal vor goldenem Hintergrund der Kaiser und die Kaiserin zu Seiten des Zeremonienbaumes. Am Knabenfest stellen die Puppen entsprechend den männlichen Tugenden auch Krieger und Götter dar. Diese Puppen sind natürlich keine Spielpuppen, sondern Lehr- und Schauobjekte, die in der Familie in großen Ehren gehalten und weitervererbt werden. Sie werden nur zu diesen Festtagen aufgebaut und in der Zwischenzeit in kostbaren Schachteln aufbewahrt.

Die heute von Japan in den Westen exportierten Puppen entsprechen in der Herstellung unseren Puppen und unterscheiden sich von diesen nur durch die letzten Details der Überarbeitung. So werden die Haare beispielsweise auf dem Hinterkopf aufgeklebt und dunkle Glasaugen gegenüber den blauen bevorzugt. Das Gesicht wird mit *gofun,* einer Paste aus gemahlenen Austermuschelschalen und Kleister, überzogen, die ihm einen zarten Schmelz verleiht.

Technik

Bereits in der Antike und bei den Naturvölkern gab es Puppen aus verschiedenen Materialien wie Holz, Ton, Elfenbein, sogar aus Silber und Gold, aber auch aus einfachen Früchten. So ist es nicht verwunderlich, daß in der Blütezeit der Spielpuppe im 19. und frühen 20. Jahrhundert ebenfalls die verschiedensten Materialien verwendet und untereinander kombiniert wurden.

Waren die Puppen der Frühzeit meist ganz aus einem Material wie Ton oder Holz gefertigt und hatten höchstens eingesetzte Augen aus Glas, so gingen die Puppenmacher im 19. Jahrhundert dazu über, Körper, Glieder und Köpfe aus verschiedenen Materialien zu vereinen.

KÖRPER

Der Puppenbalg, unter hübschen Hemdchen und Kleidchen verborgen, wurde gern aus weichem Material wie Stoff oder dem strapazierfähigeren Ziegenleder in Heimarbeit hergestellt. Auch hier erfolgte die Bezahlung meist stückweise, wobei ein Arbeiter die Form ausschnitt, ein zweiter sie zusammennähte und ein anderer den Balg ausstopfte. Anfang des 19. Jahrhunderts bestanden die Körper vorwiegend aus einem Stück. In der ersten Jahrhunderthälfte erhielten Ziegenlederbälge gern Holzglieder und schon gegen 1842 kamen Gelenkziegenlederkörper auf. Mitte des 19. Jahrhunderts hatten die Ziegenlederkörper meist noch durchgesteppte Schneidergelenke; bereits vor der Jahrhundertwende jedoch waren die Kugelgelenkkörper aus Leder entwickelt. Als guter Lederersatz für die Bälge erwies sich auch Guttapercha, ein Material, das ursprünglich aus Malaysia stammte und 1851 erstmals für Puppenköpfe verwendet wurde, wozu es sich wegen seiner Brüchigkeit jedoch als weniger geeignet erwies. Doch für die Körper wurde es wie Papiermaché in Formen gepreßt und bis zum Anfang des 20. Jahrhunderts verarbeitet.

Leichter als beim Leder waren die Gelenke bei Stoffkörpern zu nähen. So wurde 1860 eine Sitzpuppe mit genähten Gelenken patentiert. Auch bei Stoffpuppen gelang 1917 eine genaue Kopie des Kugelgelenk-Compositionskörpers, wodurch die Puppe voll beweglich war, und 1918 meldete Averill ein Patent für eine Puppe mit *Mama-Doll-Body* an, die laufen konnte.

Zum Ausstopfen der Stoff- und Ziegenlederkörper dienten ebenfalls verschiedenste Materialien wie Roßhaar, Seegras und Kork. Und wer erinnert sich nicht daran, wie lustig das Sägemehl in schmalen Rinnsalen aus dem Puppen-

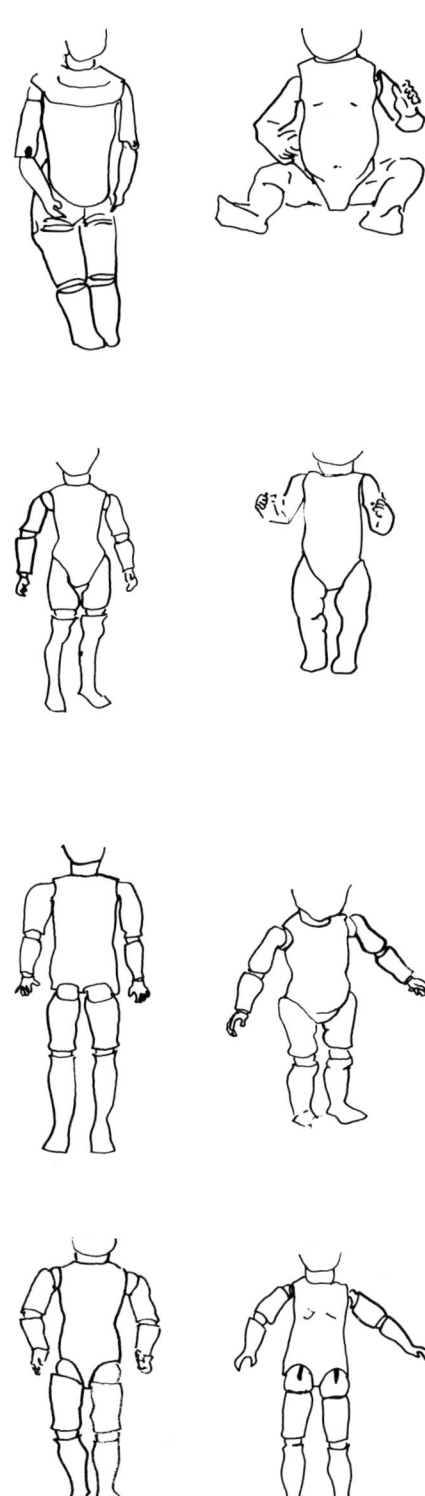

körper herauslief, wenn man als Kind die locker gewordenen Nähte aufbohrte, um zu untersuchen, wie die Puppe innen aussah.

Die Ziegenleder- und Stoffkörper wurden meist mit Papiermachéköpfen und Holzgliedern kombiniert, aber auch mit Köpfen und Unterarmen aus Biskuit, wobei billigere Biskuitpuppen häufig Stoffkörper mit Lederfüßen hatten.

GELENKE

Die größte Sorge beim Zusammenfügen der einzelnen Puppenteile galt den Gelenken. Hierbei versuchte eine Puppenfabrik die andere zu übertreffen. Zahlreiche Patente beweisen die stetige Verbesserung der natürlichen Bewegung der Puppen. Um 1890 wurden Gelenke bei Ziegenlederkörpern oft genietet, während beispielsweise die französische Firma Jumeau im Ziegenlederbalg ein Drahtgestell befestigt hatte, an dem die Glieder mittels Kugeln und Haken befestigt waren. Jumeau verwendete später statt der Ziegenlederbälge Holzgelenkkörper, die wiederum von den Compositionskörpern abgelöst wurden, deren einzeln gegossene Glieder durch einen Kupferdraht über die Kugel-Haken-Methode befestigt wurden, den daraufhin Gummibänder ersetzten. Der Torso der Compositionskörper entstand um 1895 in Stahlformen aus einem Stück, in das ein Holzkreuz zur Befestigung der Glieder eingepaßt war. Von der Antike bis ins 19. Jahrhundert herrschten die Dübel-Zapfen-Gelenke vor. Im zweiten Drittel des 19. Jahrhunderts begann man mittels Schlitzen an Ellenbogen und Knien Unterarme und Unterschenkel aus Porzellan einzusetzen. Im Laufe des Jahrhunderts eroberten sich die Kugelgelenke, bei den Gliederpuppen der Maler und Bildhauer längst bekannt, auch die Körper der Spielpuppen. Hierbei werden eine Holzkugel und ein oder zwei Gelenkpfannen durch elastische Bänder oder metallene Federn so zusammengehalten, daß die Glieder nach allen Seiten drehbar sind. 1869 erhielt die französische Firma Bru ein Patent für ihre Kugelgelenk-Compositionskörper, die in den achtziger Jahren in Frankreich als *Bébé incassable* angepriesen wurden. Sie galten als unzerbrechlich, da die Puppen durch die allseitige Drehbarkeit ihrer Glieder viel seltener zu Bruch gingen. Um 1920 versuchten amerikanische Puppenhersteller durch modifizierte Hüftgelenke das Freistehen der Puppen zu ermöglichen. Etwa gleichzeitig veranlaßte die neue Mode der kurzen Puppenröckchen die Hersteller, die Kniegelenke ihrer Schöpfungen an die Oberschenkel zu versetzen, damit die Technik bei den frei gezeigten Beinchen den Anblick der Puppen nicht störte.

Zahlreiche Patente galten stets den Gelenken und somit der Beweglichkeit der Puppe, wobei dem Drehen des Kopfes besondere Bedeutung zukam.

Verschiedene Gelenktechniken bei Gliederpuppen

KOPF

Waren die Köpfe bis um die Mitte des 19. Jahrhunderts meist als Brust- oder Schulterköpfe in einem Stück mit Hals und Nacken modelliert, so entwickelte man um 1850 den beweglichen Halsansatz, und 1860 ließ die Firma Jumeau einen drehbaren Puppenhals patentieren. Somit saß der Kopf nicht mehr steif auf dem Körper, sondern die Puppe konnte ihr Gesichtchen nach allen Seiten wenden. Sozusagen das Herz- und Prunkstück jeder Puppe ist der Kopf, der wiederum, wie die ganze Puppe, aus den verschiedensten Werkstoffen bestehen kann.

Waren die frühen Puppen aus Holz, Ton oder trugen Wachsköpfe auf Holzkörpern, so setzten sich im 19. Jahrhundert Papiermaché- und Biskuitköpfe durch. Daneben gewannen neue Materialien wie Zelluloid, Gummi oder Guttapercha an Bedeutung, die alle meist in Formen gepreßt und dann nachbearbeitet werden konnten, wobei man die Papiermaché- und Mischmasse- bzw. Compositionsköpfe gern mit einer Email- oder Wachsschicht überzog und veredelte. 1886 ließ Joseph Schön aus Reichenbach in Schlesien seine »unzerbrechlichen, waschbaren und leichten« Puppenköpfe aus gepreßtem Blech patentieren. 1893 stellte die Firma Buschor & Beck sogar Blechkurbelköpfe mit Perücken und Zähnen her und 1903 kamen unter der Handelsmarke »Minerva« Puppenköpfe aus Blech mit Zelluloidüberzug auf den Markt. 1898 wurden auch in Frankreich Aluminiumköpfe patentiert, und 1903 waren Ganzaluminiumpuppen als sog. Schwimmer in Mode.

BISKUITKÖPFE

Die heute meistgesuchten Puppen tragen Biskuitköpfe, welche die vorhergehenden Porzellan- und Parianpuppen mit den aufgemalten Gesichtszügen und anmodellierter Haartracht um 1870 ablösten. Saßen die Porzellanköpfe meist auf Holzkörpern mit gedübelten Gliedern, so wurden die Biskuitköpfe bevorzugt mit Stoff- und Compositionskörpern kombiniert. Vor 1890 wurden die Köpfe meist in zwei Formenhälften gepreßt, heute an der unregelmäßigen Dikke und der rauhen Innenseite zu erkennen, während die späten Köpfe gegossen sind. Ähnlich änderte sich das Verfahren bei den Compositionsköpfen, die vor dem 1. Weltkrieg meist kalt und in späteren Jahren mit Heißluft gepreßt wurden. Der Puppenkopf behielt häufig eine Öffnung am Schädel, damit die Glasaugen bequem eingesetzt werden konnten. Dadurch ließ sich auch das Gewicht gering halten, da beim Export ins Ausland die Zollgebühren auch nach dem Gewicht berechnet wurden. Das Loch wurde später bei französischen

Puppen meist mit einer Korkplatte und bei deutschen Puppen mit Pappe oder einem Plastikdeckel geschlossen und darüber die Perücke befestigt.

AUGEN

Den sprechenden Ausdruck einer Puppe vermitteln nicht zuletzt die Augen, denen deshalb immer besondere Aufmerksamkeit und Sorgfalt geschenkt wurde. Die frühen Holz- und Wachspuppen zierten meist dunkle, aufgemalte Augen. Erst im 19. Jahrhundert begann das strahlende Blau bei den Augen zu dominieren. Eingesetzte Augen sind seit der Antike belegt. In der Frühzeit wurden die Glasaugen ohne Pupillen geblasen und erhielten auf der Rückseite meist einen dunklen Farbtupfer. Leider sind nicht alle technischen Neuerungen genau zu datieren. Jedenfalls wissen wir von einem englischen Vater, der bereits 1700 seiner dreijährigen Tochter eine Wachspuppe mit beweglichen Augen schenkte. Fortan wurden die Puppenmacher nicht müde, die Augen so lebendig wie möglich zu gestalten, und deshalb ist es nicht verwunderlich, daß die meisten Patente für die Beweglichkeit der Augen verliehen wurden. 1880 erhielt Heinrich Stier aus Sonneberg ein Patent für Puppenschlafaugen, die sich durch ein Bleipendel von selbst schlossen, während die Firma Jumeau 1885 Schlafaugen patentieren ließ, bei denen die Lider sich über die Augen klappten. 1890 entwickelte Simon & Halbig Augen, die sich seitlich bewegten, so daß die Puppen mit diesen *Flirting Eyes* oder Schelmenaugen sehr persönlich und keck von einer Seite zur anderen blicken können. Um 1905 übertraf Otto Kranz aus Waltershausen diese Neuerungen durch Schlafaugen, die sich seitlich bewegen ließen. Ab ca. 1910 konnten die Puppen sogar zwinkern, und 1912 wurden Augen patentiert, die in alle Richtungen blicken und sogar gegen andersfarbige ausgewechselt werden konnten. Mangelnde Augenbewegung war auch der Grund, daß den frühen Charakterbabies kein großer Erfolg beschieden war. Sie hatten nur aufgemalte Augen. Erst als es dem thüringischen Puppenhersteller 1914 gelang, auch die Charakterpuppenköpfe mit beweglichen Schlafaugen auszustatten, konnten sich diese Puppen durchsetzen.

MUND

Wie die Puppen mit Hilfe ihrer Augen Temperament und Persönlichkeit entwickelten, so auch mit einem zunehmend »sprechenden« Mündchen. Um die Mitte des 19. Jahrhunderts begannen Puppen mit Compositionsköpfen und wachsüberzogenen Papiermachéköpfen ihre Mündchen zu öffnen und um 1890 waren Puppen mit ganz geschlossenen Lippen kaum noch zu finden. Ende des 19. Jahrhunderts waren dann Puppenmündchen in Mode, die den Blick auf schimmernde Zähne frei ließen. Diese wurden vor 1850 aus Milchglas oder Bambus gefertigt und bei den späteren Biskuitpuppen entweder mit dem Kopf in einem Stück oder separat ausgeformt. Um den kleinen Geschöpfen einen beredten Ausdruck zu verleihen, entwickelte man sogar eine bewegliche Unterlippe und 1912 wurde gar eine hin- und herbewegliche Zunge patentiert, die besonders bei Charakterpuppen beliebt war.

HAARTRACHT

Natürlich gab es auch bei den Frisuren, die wie die Kleidung ständig wechselnden Moden unterworfen waren, viele Wandlungen und Neuerungen in modischer wie in technischer Hinsicht. Die frühen Puppen des 18. Jahrhunderts trugen gern Kopfbedeckungen, unter denen die Frisur weitgehend verborgen war. Bei den anmodellierten Haaren waren drei Frisuren über lange Zeit hin beliebt: Die langen Korkenzieherlocken, eine flach um den Kopf gelegte Frisur mit engen Ringellöcken und eine hohe Wellenfrisur. Die gemalten Haare waren in der Frühzeit meist schwarz, und erst gegen Mitte des 19. Jahrhunderts setzten sich blonde Puppenköpfchen durch. Eine typische, um 1830 beliebte Biedermeierfrisur mit hochgesteckten Haaren heißt »Adelaide-Frisur«. Um 1850 waren einem Schweizer Puppenkatalog zufolge mittelgescheitelte Frisuren in Mode, bei denen vorn seitlich zwei Strähnen so herabgeführt wurden, daß die Ohren frei blieben und die Haare dann am Hinterkopf zu einem Knoten gesteckt waren. Um 1860 hatten die sog. Alice-im-Wunderland-Puppen blondes, streng zurückgekämmtes Haar, das von einem schwarzen Band gehalten wurde. Charakteristisch ist bei Puppen bis etwa 1840 eine sehr hohe freie Stirn, während im Laufe der folgenden Jahre die Frisur immer tiefer ins Gesicht hereinreichte, um gegen 1880 oft nur mehr die Augenbrauen sichtbar sein zu lassen. Neben aufgemalten Haaren und Perücken wurden auch beide Frisurenarten kombiniert. Um 1830 dürfte eine Puppe mit Papiermachékopf zu datieren sein, deren anmodellierte Frisur an den Schläfen angesetzte Echthaarlocken besitzt.

Puppenperücken konnten genäht, gewebt, geknüpft oder geklebt sein, wobei sie oft durch ein Netz oder eine Stoffgrundlage verstärkt wurden. Stoffpuppen hatten oft aufgenähte Frisuren, wohingegen Puppen aus Holz-Composition und Papiermaché häufig Perücken mit festgesteckten Frisuren besitzen. Gelegentlich wurden die Frisuren auch einfach in Form geklebt. Echtes Haar für Pe-

F 5 Spielpuppen aus Japan, o. J.
Aufsteckkopf aus Holzmasse mit Muschelkalküberzug mit feststehenden braunen Glasaugen, geschlossener Mund, schwarzes Echthaar original. Körper aus Papiermasse mit Quietschmechanismus (»Motchman-Typ«), Hände und Füße wie Kopf, Kleidung original.
25 cm (links/Mitte) je **1 000,–/1 500,–**
12 cm (rechts) **500,–/800,–**

F 6 Armand Marseille, Deutschland, Anfang 20. Jh.
Neger, Mulatte und Koreaner
Marken: »AM-Germany«
» # 341/372 · K · « (Neger)
» # 341/4 K« (Mulatte)
» # 353/310 K« (Koreaner)
Kurbelköpfe aus Biskuitporzellan mit braunen Schlafaugen, Mund jeweils geschlossen, Haare gemalt. Babykörper mit alter Kleidung.
Neger H 35 cm **1 800,–/2 500,–**
Mulatte H 35 **1 500,–/2 000,–**
Koreaner H 25 cm **1 100,–/2 000,–**

F 7 Armand Marseille, Deutschland, Anfang 20. Jh.
Alexander Recknagel, Deutschland, Anfang 20. Jh.
Zwei Orientalen
Marken: »AM //358 / 1 K // Germany«
»Germany // J. G. // A O ½ R«
Kurbelköpfe aus Biskuitporzellan mit braunen Schlafaugen, Mund jeweils geschlossen, Haare gemalt. Babykörper aus Composition (rechts) bzw. Stoff mit Celluloidhänden (links), Kleidung original.
H 25 und 28 cm **2 000,–/5 000,–**

F 8 Simon & Halbig, Deutschland, Anfang 20. Jh.
Burmesin
Marke: »S & H«
Kopf aus Biskuitporzellan mit braunen Schlafaugen, offener Mund mit sichtbaren Zähnen, schwarze Mohairperücke original. Compositions-Gelenkkörper mit hervorragend erhaltenem Originalkostüm.
H 38 cm **6 000,–/8 000,–**

Bei den Orientalen ist die Färbung von Gesicht und Körper wichtig. Schöne Exemplare erlebten in den letzten zwei Jahren enorme Preissteigerungen.

F 5

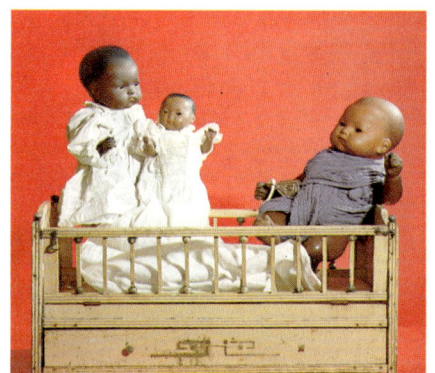

F 6

F 7

F 8

rücken kam meist aus China und war demzufolge schwarz, konnte aber gebleicht und eingefärbt werden. Am teuersten war feines blondes Haar von Europäerinnen. Die Perücken wurden entweder mit Bändern in den entsprechenden Löchern im Puppenkopf befestigt oder mit Klips angesteckt, wie dies bei Metallpuppen üblich war. Am echtesten wirkten die Puppenhaare allerdings, wenn sie einzeln oder in möglichst feinen Büscheln in Wachs oder ähnliches Material direkt auf dem Kopf eingesetzt wurden. Um 1880 erhielt Josef Kubelka ein Patent für einen Porzellanpuppenkopf mit Wachsüberzug als Grundlage zum Einsetzen der Haare.

Im »Wunderland der Arbeit« beschreibt ein Artikel aus dem Jahr 1884 wie in Sonneberg die Puppen ihre Haarpracht erhalten. Hierfür hält ein Mädchen in der linken Hand einen Haarbüschel und preßt mit der rechten blitzschnell eine Haarwurzel nach der anderen mittels einer stumpfen Klinge in die Wachsoberfläche, die sie nach dem Einsetzen durch Glattstreichen verklebt. In Sonneberg wurde bis zur Entdeckung des Mohairs Menschenhaar für die Puppenperükken verwendet. Das Mohair hat ursprünglich eine blonde Farbe, konnte aber auch in jede gewünschte Tönung eingefärbt werden. Um 1877 erzeugte eine einzige Londoner Firma nahezu das gesamte Mohair, das in England, Frankreich und Deutschland für Puppenperücken diente. Ein Großteil des in England hergestellten Mohairs wurde dann in München zu Perücken verarbeitet. Als Mohair zu teuer wurde, hat man Wolle beigemischt. Daneben verarbeitete man aber auch Flachs, Baumwolle und Seide zu Perücken. Um 1875 war es Mode, blonde und brünette Puppen paarweise anzubieten. Um 1884 trugen Puppen die sog. Rembrandt-Frisur, die sich bis ins 20. Jahrhundert großer Beliebtheit erfreute, und um 1911 war die »Schneckenfrisur« in Mode. Die Haarfarben wechselten ebenso häufig von blond über brünett und tizianrot bis schwarz. Da die Mohairperücken mit zu den ersten Opfern des 1. Weltkriegs in der Puppenindustrie zählten, gewannen in dieser Zeit anmodellierte und aufgemalte Frisuren wieder an Bedeutung. Die Zeiten wurden freier und damit alle Haarfarben möglich. Seit 1914 gibt es sogar Puppen mit blauem, grünem und violettem Haar.

Nähmaschine, um 1900.
12 cm hoch, 20 cm breit,
Originalzustand, DM 500,–/650,–

KLEIDUNG

Unter all den Möglichkeiten, eine Puppe hübsch zu gestalten, nimmt die Kleidung einen sehr wesentlichen Platz ein. Selbst die einfachsten Dutch-Dolls können fürstlich aussehen, wenn sie in feinen Seiden- und Brokatgewändern stecken, wie die Puppensammlung der Königin Victoria verdeutlicht. Victoria griff als junge Prinzessin selbst zu Nadel und Schere und bewies ihre Fähigkeit

Handgenähtes Ladydoll-Kostüm, ca. 1880, und dazu passender Hut in Bestzustand. DM 800,–/1200,–

als königliche Puppenschneiderin. So kaschieren ehrwürdige Puppenhaus-Herren ihre oftmals nicht vollständig ausgebildeten Unterkörper mit detailgetreuen Miniaturgewändern. Am prachtvollsten waren die meist lebensgroßen Mannequins ausgestattet, deren Garderobe führende Pariser Modistinnen und sogar Hofschneider entwarfen. Die Ausstattung war ebenso geschätzt wie die Puppen selbst, was daraus hervorgeht, daß die Firma Jumeau zuerst durch ihre hinreißende Puppengarderobe Aufmerksamkeit erregte und die Puppen selbst kaum erwähnt wurden. Gerade die französischen Puppen zeichnen sich meist durch eine außergewöhnlich kostbare und reiche Puppenausstattung aus, wohingegen die Körper eher derb und nachlässig gearbeitet sind. Die aufwendige Puppengarderobe schlug sich auch in den Preisen nieder. So kostete beispielsweise die um 1890 annoncierte *Bébé de Paris* in Seide gekleidet den doppelten Preis der unbekleideten Ausführung. Wobei unbekleidet allerdings nicht nackt bedeutete. Diese Puppen trugen meist ein spitzenbesetztes Musselinhemdchen sowie Schuhe und Strümpfe. Das Puppenzentrum Sonneberg bot bis ca. 1880 nur Puppen in Hemdchen an. Erst als auch dort Puppenfabrikanten eigene Schneidereien einrichteten, die von erstklassigen Modedirektricen geleitet wurden, stattete man auch in Thüringen die Puppen mit einer umfangreichen Garderobe für alle Gelegenheiten aus. Bereits um die Mitte des vorigen Jahrhunderts war die Puppenausstattung so umfangreich, daß sie durchschnittlich drei Kleider, einige Paar Schuhe und die nötigen Accessoires wie Hüte, Handtaschen und Handschuhe umfaßte. Seit dem 19. Jahrhundert wurden Puppenkleider zunehmend häufig fabrikmäßig hergestellt. So spezialisierte sich beispielsweise C. Oesterheld in seiner 1869 gegründeten Fabrik in Gotha auf Puppengarderoben. In Paris erstreckte sich das Zentrum der Puppenkleiderhersteller um die Passage Choiseul, wo man auch die dazugehörigen Accessoires fertigte. Solange es noch keine Nähmaschinen gab, waren alle Stücke handgearbeitet, doch in den 1870er und 1880er Jahren setzten sich Maschinennähte immer mehr durch. Da die Kleidchen so winzig waren, mußte dabei auf eine allzu anspruchsvolle und komplizierte Ausführung verzichtet werden. Und um die Jahrhundertwende kamen elegant gekleidete Damenpuppen auf den Markt, die aufgenähte Kleider trugen. Doch hatten jetzt die kleinen Puppenmütter die Möglichkeit, auf ihren Kinder- und Puppennähmaschinen selbst die Kleidchen herzustellen. Hierzu gab es eigene Schnittmusterbücher wie »Puppenmütterchens Nähschule« oder »Die fleißige Puppenschneiderin«. Natürlich spiegelten die Kleider der Spielpuppen die jeweiligen Zeitströmungen und die Moden der Großen wider. Um 1865 trug die feine Puppendame Gewänder aus Taft, Kashmere oder Moiré. Gegen 1868 bevorzugte sie eher gehäkelte oder gestrickte Kostüme. Um 1875 stellten die neuesten Pariser Puppen Bräute, Witwen und Kindermädchen dar oder waren in

Ergänzung zur vorherigen Garderobe:

Handgesticktes Korsett, rosa auf hellgrün, DM 350,–/450,–

Blaue Saffianlederstiefel mit hohem Absatz, DM 500,–/650,–

Teile des umseitig abgebildeten Ladydoll-Kostüms.

Nationaltrachten gekleidet. Auf der Jahrhundertausstellung in Philadelphia 1876 waren Puppenkleider im Kolonialstil der letzte Schrei, und mit der Erforschung des Nordpols steckte man auch die Puppen in Eskimogewänder. Nach der Jahrhundertwende lösten waschbare Materialien wie Organdy die empfindlichen Seiden- und Satinstoffe ab. Daneben hielten nicht nur Militäruniformen Einzug in die Puppenkleiderschränke, sondern auch die neuen Sportkostüme zum Autofahren und Tennisspielen. Um 1910 begannen Kinderkleidchen gegenüber den Damenroben zu überwiegen, doch um 1917 warf der Krieg seine Schatten auch auf die Puppenwelt. So waren viele Puppen als Rotkreuz-Schwestern ausgerüstet. Reich ausgestattete Puppen dienten noch bis in unsere jüngste Vergangenheit als Staatsgeschenke. 1938 erhielten die beiden englischen Prinzessinnen anläßlich eines englischen Staatsbesuches in Frankreich zwei Puppen, deren jede mit über 350 Kleidern ausgestattet war, die aus den führenden Pariser Modehäusern stammten.

Die Arbeit an einer einzigen Puppe war so vielgestalt, daß sie oft von zahlreichen Händen und aus wirtschaftlichen Erwägungen sogar häufig in verschiedenen Gegenden und Ländern ausgeführt wurde, je nachdem wo tüchtige Arbeiter billig zur Verfügung standen und Rohmaterial reichlich zu finden war.

Die Puppenindustrie

Alte Puppen waren nicht nur begehrtes Spielzeug junger Mädchen, sondern stellten einen bedeutenden Wirtschaftszweig dar, der in vielen Gebieten fast die gesamte Bevölkerung ernährte.

Wie die meisten Wirtschaftssysteme und Arbeitsprozesse, so ist auch die Puppenindustrie in den verschiedenen Ländern unterschiedlich strukturiert. Deutschland, über lange Zeit hin führend in der Spielzeugindustrie und Puppenherstellung, besaß in den rohstoffreichen Gebieten Bayern, Thüringen und Sachsen weite Produktionsgegenden mit den Zentren Nürnberg und Sonneberg. Während Nürnberg bereits im Mittelalter als Spielzeugstadt berühmt war, deren »Tand in alle Land« ging, und diese Bedeutung mit ihrer jährlichen Spielzeugmesse und einem eigenen Spielzeugmuseum bis heute behalten konnte, gewann Sonneberg erst im 18. Jahrhundert zunehmend an Bedeutung und entwickelte sich im 19. Jahrhundert zum Weltpuppenzentrum. Auf welch lange Tradition gewisse Puppenherstellerfamilien in Sonneberg zurückblicken konnten, geht aus einem amtlichen Privilegium des Jahres 1789 hervor. Unter den 26 Kaufleuten, die mit Spielwaren handeln, diese aber nicht herstellen durften, finden sich so berühmte Namen wie Dressel, Heubach und Motschmann. Zu Anfang war Sonneberg vorwiegend auf gedrechselte Holzpuppen spezialisiert. Von hier aus gingen auch die sog. »Tiroler Holzpuppen«, die wohl aus Tirol nach Sonneberg zur Weiterverarbeitung gebracht wurden, in alle Welt. Anfang des 19. Jahrhunderts begann dann die Massenproduktion von Papiermachéköpfen, und um 1850 ging man zur Herstellung von Gelenkgliederpuppen aus beinahe allen nur erdenklichen Materialien über wie Holz, Wachs, Papiermaché, Porzellan und Biskuit. Vielfach wurden auch Puppenteile exportiert und im Empfängerland weiterverarbeitet. So kaufte beispielsweise Frankreich Papiermachépuppen aus Sonneberg, die aufs feinste eingekleidet und ausgestattet und als sog. Pariserinnen wiederum exportiert wurden. Andererseits verwendeten Sonneberger Puppenmacher vielfach in England hergestellte Mohairperücken für ihre Puppen.

Zu Anfang des 20. Jahrhunderts beherrschten die deutschen Spielpuppen zwei Drittel der gesamten Europaproduktion und die Hälfte des Weltmarkts. Auch wurden beispielsweise drei Viertel aller Puppenglasaugen der gesamten Weltproduktion vor dem 1. Weltkrieg in dem Glaszentrum Lauscha hergestellt. Im Sonneberger Gebiet war die Hälfte der Bevölkerung in der Spielzeugindustrie beschäftigt, wobei die Heimarbeit eine große Rolle spielte. Die sog. Verleger bestellten bei den Kleinfabrikanten die gewünschten Muster. Die Fabrikanten gaben die dazu benötigten Einzelteile bei den Heimarbeitern in Auf-

Vergoldetes Silbertäschchen, ca. 1880.
2 cm hoch, DM 400,–

Puppen-Einkaufskorb, ca. 1900.
3 cm hoch, 4 cm breit, DM 150,–/300,–

Puppen-Toilettetisch mit Accessoires,
weißer Schleiflack, ca. 1920.
20 cm hoch, DM 800,–

trag. Termingerecht sammelten die sog. Lieferer die fertigen Arbeiten bei den verschiedenen Heimarbeitern und Hausindustrien ein und brachten sie dem Lieferanten, der dann meist die Puppen zusammenfügte. Der Verleger vertrieb daraufhin die fertigen Puppen in der ganzen Welt. Einzelne Arbeiter waren jeweils auf bestimmte Arbeitsvorgänge spezialisiert; einer malte nur die Augen, ein anderer fügte den Mund hinzu, ein dritter malte die roten Wangen auf usw. Zahlreiche thüringische Porzellanmanufakturen hatten sich, wie beispielsweise Waltershausen, Ohrdruf und Köppelsdorf, auf Puppenköpfe spezialisiert und lieferten Porzellan- und Biskuitköpfe, die in vielfacher Millionenhöhe jährlich in alle Welt gingen. Die seit der Mitte des 19. Jahrhunderts so berühmten französischen Biskuitpuppen mußten ihre Köpfe meist aus Deutschland importieren, bis die Firma Jumeau 1873 in Montreuil eigene Porzellanbrennöfen einrichtete, um sich vom deutschen Import unabhängig zu machen.

Im Gegensatz zur räumlich weitverzweigten Puppenindustrie in Deutschland, war die Herstellung in Frankreich im wesentlichen auf Paris und Limoges und deren Umgebung zentriert. Sie gipfelte in der 1899 gegründeten *Société Française de la Fabrication des Bébés et Jouets,* der sich die wichtigsten französischen Puppenmacher anschlossen. Trotzdem wurde auch in Frankreich Stückarbeit außerhalb der Fabriken z. B. an weibliche Gefängnisinsassen vergeben. Jumeau erhielt 1886 sogar den Orden der Ritter der Ehrenlegion, weil er Waisenkinder als Lehrlinge aufnahm und ihnen somit einen sozialen Start ins Leben ermöglichte.

»Unter dem Weihnachtsbaum«.
Kolorierte Lithographie
aus der »Gartenlaube«, 1892.

Zwei wesentliche Faktoren, Technik und Politik, bestimmten auch bei der Puppenindustrie das Auf und Nieder der verschiedenen Führungszentren. Als sich Frankreich ab 1873 durch Jumeaus eigene Porzellanherstellung von deutschen Erzeugnissen unabhängig machte, bedeutete das für den deutschen Export nach Frankreich eine empfindliche Einbuße. Den zweiten, weit größeren Rückschlag für die deutsche Puppenindustrie verursachte der 1. Weltkrieg, der den Export fast zum Erliegen brachte und Amerika und Japan im Welthandel an Bedeutung gewinnen ließ. Trugen die meist wie in Deutschland in Heimarbeit gefertigten japanischen Puppen zu Ende des 19. Jahrhunderts noch asiatische Züge, so bemühten sie sich, auch im Aussehen die deutschen Puppen zu kopieren, deren Markt Japan während des 1. Weltkrieges zu erobern suchte. Da der Import aus Deutschland ausblieb, fing selbst England zu dieser Zeit mit der Produktion von Biskuit-Puppenköpfen an.

Neue Modeströmungen und Materialien lösten die vormals begehrten englischen Wachspuppen zu Ende des 19. Jahrhunderts ab, und selbst die zauberhaftesten französischen und deutschen Biskuitpuppen wurden mit den Jahren unmodern, hatten sich durch ihre Vielzahl erschöpft und büßten ihre Vormachtstellung gegenüber den neuen Materialien wie Zelluloid und den Kunststoffen ein. Die gesellschaftlichen und wirtschaftlichen Erschütterungen des 1. Weltkrieges und die darauf folgende Weltwirtschaftskrise bewirkten dann das Ende der Luxuspuppe, die in den letzten Jahrzehnten von den Sammlern wiederentdeckt worden ist und heute ein begehrtes Luxusobjekt darstellt.

Über das Puppensammeln

Die Puppenseele lebt weiter im Menschenherz
R. M. Rilke

Puppensammler oder richtiger gesagt Sammlerinnen, denn weitaus die meisten Puppenliebhaber sind weiblichen Geschlechts, sind eine ganz eigene Spezies, die sich in vielen wesentlichen Merkmalen von anderen Sammlern unterscheidet. Die meisten Briefmarkenfreunde kaufen nur Marken bestimmter Länder und versuchen gezielt, ihre thematisch begrenzte Sammlung zu komplettieren. Andere Marken dienen bestenfalls als Tauschobjekt. Glassammler grenzen ihr Jagdrevier eher zeitlich oder kulturgeschichtlich ein. Der eine hat sich auf frühe venezianische Gläser spezialisiert, ein anderer beschränkt sich auf böhmische Badegläser der Biedermeierzeit. Bei Puppensammlern ist das Interessengebiet meist nicht scharf umrissen. Sie kaufen zuerst mit dem Herzen und dann mit dem Kopf. Dabei spielt der *Puppenkopf* mit seinem sprechenden Gesichtsausdruck die entscheidende Rolle. Große Augen, ein fragender Blick, ein keckes Lächeln oder der traurige Zug um den Mund bestechen die Käuferin. Der Gesichtsausdruck beseelt die Puppen und verleiht ihnen einen persönlichen Charakter, der so unterschiedlich wie bei den Menschen wirken kann. Denn fast alle Puppen wurden von Hand bemalt und überarbeitet. Hierdurch kann das gleiche Modell durch abweichende Details und die persönliche Handschrift des Malers so unterschiedlich ausfallen, daß die Puppenwesen in der Ausstrahlung ganz verschieden wirken können, wie sich ähnelnde Geschwister. Diese menschlichen Eigenschaften unterscheiden die Puppen von allen übrigen Sammelgebieten. Puppen sprechen weniger den Mutterinstinkt an, sie wirken auch gar nicht so sehr aufs Gemüt wie kuschelige Stofftiere und Teddybären, die man zum Liebhaben und Herzen an sich drückt und mit ins Bett nimmt. Sie verkörpern mehr die ewige Jugend, die Unvergänglichkeit, vielleicht den Traum vom Glück, den keiner so ganz ins Leben umsetzen kann und doch wohl jeder in sich birgt. Puppen verkörpern zeitlose glückliche Vergangenheit und Traumwelt. Wir altern, die Puppen altern sozusagen nicht mit. Daher ist es eigentlich auch gar nicht verwunderlich, daß die meistgesuchten keineswegs die seltenen frühen Exemplare aus Holz oder Wachs sind, sondern die zahlreichen hübschen eleganten Ladydolls oder niedlichen Bébés mit ihrer samtenen Biskuithaut. Mit dem menschlichen Ausdruck der Puppen nehmen wir zuerst Kontakt auf. Daher muß beim Kauf auch auf einen makellosen Kopf geachtet werden. Das Gesicht darf keinerlei Beschädigungen aufweisen, hier sind Sprünge so unverzeihlich wie Narben. Dagegen kann man Mängel, die unter einer hübschen alten Kleidung verborgen sind, schon eher in Kauf nehmen, und auch ein fehlender Fuß oder ein abgebrochenes Fingerchen sind verzeihlich, wenn uns die Puppe durch einen persönlichen Gesichtsausdruck anspricht und die Mängel durch einen entsprechenden Preisabschlag aufgewogen werden.

Natürlich ist der Traum jeden Sammlers eine alte Puppe in makellosem Zustand mit originaler Kleidung in der ursprünglichen Schachtel. Aber dieser Traum ist selten und nur entsprechend teuer zu realisieren. Und was heißt im Zusammenhang mit Puppen schon original? Die Puppe war früher kein Vitrinenobjekt, sondern Kinder haben mit ihr gespielt, haben sie gewaschen, gefüttert, frisiert und eingekleidet. Die »Originalkleidung« bestand bei zahlreichen Puppen sowieso nur aus einem Höschen oder Hemdchen, das sie beim Kauf trugen. Deshalb handelt es sich meist nur um alte Gewänder, eine Originalkleidung dagegen ist aus diesen Gründen höchst selten. Die Puppen waren für ihre ehemaligen Puppenmütter vollwertige Familienmitglieder, die liebevoll weitervererbt wurden. Da kann Makellosigkeit und Perfektion auch für den Sammler nicht alles bedeuten. Trotzdem darf die momentane Begeisterung beim Anblick einer lange gesuchten Puppe die Sammlerin nicht so betören, daß sie den Bezug zwischen dem Kaufobjekt und dem Preis verliert.

PREISE

Puppen sind mehr als fast alle anderen Sammelobjekte im Preis emporgeschnellt, denn die Puppenliebhaber nehmen dauernd zu. Allein in Amerika sind über 10000 organisierte Puppenfans registriert, die sich in Clubs treffen und sogar eigene Zeitschriften herausgeben. Aber auch in Deutschland steigt der Trend zu alten Puppen so enorm, daß 1977 der erste deutsche Puppenkongreß im Teutoburger Wald abgehalten wurde.

In Amerika und England werden seit Jahren sog. Priceguides verlegt, die die jeweiligen Trends und Puppenfavoriten in Dollar und Pfund widerspiegeln. Diese Preisangaben sind allerdings auf Grund des anders strukturierten Angebots und der unterschiedlichen Bewertung nicht auf den hiesigen Markt zu übertragen.

Besonders der jüngere, noch unerfahrene Sammler sollte daher gewisse Grundregeln beachten, die bei der Preisbildung eine Rolle spielen. Oberstes Kriterium ist wohl die Qualität. So kann beispielsweise ein und dasselbe Modell durchaus zu Recht verschieden hoch taxiert werden, wenn die Überarbeitung recht unterschiedlich ausgefallen ist, oder der Biskuitkopf einmal rauh und von fahler Gesichtsfarbe ist und ein andermal samtweich und in zarten

Inkarnatstönen gefärbt. Meist steht auch die Größe in direktem Verhältnis zum Preis. Je größer eine Puppe ist, desto teurer wird sie sein. Ausnahmen bilden natürlich extrem große Puppen oder miniaturhaft kleine, die eventuell eine Rarität bedeuten. Ehedem massenhaft hergestellte Puppen können auch heute billiger angeboten werden als seltene Stücke, wobei das Alter der Puppe nicht ausschlaggebend zu sein braucht. Ein frühes Porzellanpüppchen kann durchaus billiger sein als ein von heutigen Sammlern favorisiertes Jumeaumodell. Überhaupt bevorzugen die meisten Sammlerinnen gemarkte Puppen, wodurch im Verhältnis hierzu ungemarkte Puppen von hoher Qualität oftmals günstiger zu finden sind.

Da Puppensammeln nicht zuletzt eine recht emotionelle Angelegenheit sein kann, sollte man den jeweiligen Modetrends skeptisch gegenüberstehen, da hier die Preise oft ins Unsinnige getrieben werden. So, wenn beispielsweise alle Sammler Stoffpuppen begehren, die bislang völlig mißachtet wurden und jetzt Spitzenpreise erzielen.

FÄLSCHUNGEN

Da die Zahl der Puppensammler ständig wächst, sich die alten Puppen aber nicht vermehren können, hat sich auch hier ein breiter Markt für Fälscher entwickelt. Eine häufige und beliebte Methode ist die Verfälschung durch Kombination nicht zusammengehöriger alter Teile. Allerdings sollte ein seriöser Händler darauf hinweisen, wenn er eine Puppe verkauft, deren Kopf einem französischen Modell aus den neunziger Jahren des vorigen Jahrhunderts entlehnt ist und mit einem Körper aus der Zeit um 1910 kombiniert wurde, dem Gliedmaßen von 1920 angepaßt und eine neue Perücke übergestülpt wurde. Leider überschwemmen auch absolute Fälschungen alter begehrter Puppentypen immer mehr den Markt. Höchste Vorsicht ist deshalb geboten, wenn das gleiche Modell einer raren Puppe überall gleichzeitig angeboten wird. Diese neuen Puppen geben sich dem geschulten Betrachter meist durch einen zu modernen, nicht der vorgetäuschten Entstehungszeit entsprechenden Ausdruck zu erkennen. Ihnen fehlt die Ausstrahlung einer früheren Epoche, selbst wenn die künstliche »Patina« echt wirkt.

PFLEGE

Hat die Sammlerin nun aber eine Anzahl begehrter Puppen, so sollte sie auch auf die nötige Pflege achten. Nicht jeder hat die Möglichkeit, seine Puppen in ei-

Thonet-Puppenstuhl,
signiert, ca. 1910.
30 cm hoch, DM 700,–/900,–

ner Vitrine vor Staub und unerlaubten Zugriffen zu schützen. Wichtig ist natürlich, daß sie vor Stürzen sicher sind und lichtgeschützt untergebracht werden, da besonders die hübschen alten Kleidchen in der Sonne leicht verschießen und Wachspuppen sogar schmelzen könnten. Gelegentlich sollte man die Puppen einer schonenden Reinigung unterziehen. Kleidchen können sehr vorsichtig handwarm gewaschen werden, die Puppe selbst wird besser nur abgestaubt oder mit einem Pinselchen gesäubert. Vor allem sollte man Wachs- oder Papiermachépuppen möglichst nicht mit Wasser behandeln. Perücken kann man vorsichtig mit Benzin reinigen, farblose Schuhcreme verleiht Lederkörpern neue Frische und Lanolincreme eignet sich für Compositionskörper. Will man kleinere Reparaturen selbst vornehmen, so sollte man prinzipiell keine Mittel verwenden, die Spuren hinterlassen. Auch beim Nachmalen einzelner Partien ist zu berücksichtigen, daß die Farben sich im Laufe der Zeit verändern können und meistens leicht nachdunkeln. Locker gewordene Puppenglieder sind oft ganz einfach durch Gummikordeln zu befestigen. Größere Reparaturen sollten besser einem Restaurator oder einer Puppenklinik übergeben werden, denn ein sorgfältig restaurierter originaler Körper ist in jedem Fall einem neuen vorzuziehen.

MUSEEN

Bayreuth, Spielzeugmuseum im Kunstauktionshaus W. Boltz, Brandenburgerstr. 36
Goslar, Puppenmuseum Antikhof
Hamburg, Norddeutsches Landesmuseum
München, Spielzeugmuseum im Alten Rathausturm, Marienplatz
Münchner Puppenmuseum, Gondershauser Str. 37
Neustadt/Coburg, Trachtenpuppenmuseum
Nürnberg, Germanisches Nationalmuseum
    Spielzeugmuseum
Sonneberg, Spielzeugmuseum

Kaiser-Bazar

Gekleidete Puppen, Puppenköpfe, Lederbälge, Charakter-Baby.

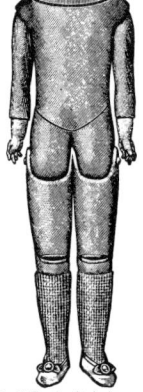

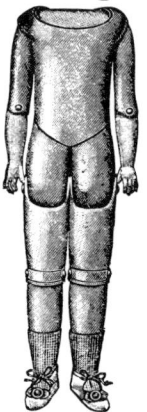

Nr. 2812.
Eskimomädchen, unzerbrechlich, mit Zelluloidkopf, in braunem Plüsch mit weißem Kragen, mit Druckstimme. Größe 40 cm. Stück Mk. 1.25

Nr. 10101. Charakter-Baby, abwaschbar, mit ff. Biskuitkopf, Schlafaugen, offenem Mund, Zähnchen und beweglicher Zunge. Mit ff. Mohairperücke. Größe 35 cm. Im Karton. Stück Mk. 4.25

Nr. 4551. Charakter-Baby, abwaschbar, mit ff. Biskuitkopf, Schlafaugen, offenem Mund, Zähnchen und gemaltem Haar. Größe 35 cm. Im Karton. Stück Mk. 2.—

Nr. 10854. Charakter-Baby wie Nr. 4551, jedoch mit beweglicher Zunge und 32 cm groß. Stück Mk. 3.40

Nr. 1957. Lederbalg aus Leder, feine Ausführung, mit Hüftgelenk, Schuhen und Strümpfen, 42 cm lang. Im Karton. Stück Mk. 2.15

Nr. 1959. Lederbalg wie oben, jedoch 36 cm lang. Stück Mk. 1.60

Nr. 6492. Lederbalg wie oben, aber nur 32 cm lang. Stück Mk. 1.25

Nr. 4335. Puppenkopf aus Zelluloid, mit feiner gescheitelterLockenperücke, Schlafaugen mit Wimpern, passend für Balg Nr. 1957. Im Karton. Stück Mk. 2.50

Nr. 6493. Puppenkopf wie oben, aber kleiner, passend für Balg Nr. 1959. Stück Mk. 1.80

Nr. 6494. Puppenkopf wie oben, nur kleiner, passend für Balg Nr. 6492. Stück Mk. 1.45

Nr. 6495. Puppenkopf aus Biskuit, mit feiner gescheitelterLockenperücke, Schlafaugen mit Wimpern, passend für Balg Nr. 10147. Stück Mk. 1.50

Nr. 6496. Puppenkopf wie vorher, jedoch kleiner, passend für Balg Nr. 5539. Stück Mk. 1.15

Nr. 6497. Puppenkopf wie vorher, jedoch kleiner, passend für Balg Nr. 5540. Stück 60 Pf.

Nr. 10147. Wachstuchbalg mitArm-und Beingelenken, Schuhen und Strümpfen. 48 cm lang. Im Karton. Stück Mk. 3.15

Nr. 5539. Wachstuchbalg wie oben, jedoch 38 cm lang. Stück Mk. 2.—

Nr. 5540. Wachstuchbalg wie oben, aber nur 30 cm lang. Stück Mk. 1.20

Nr. 2813. Charakter-Stehbaby, abwaschbar, mit ff. Biskuitkopf, Schlafaugen, offenem Mund und Zähnchen, mit Knie-, Ellbogen- und Handgelenk. An Schönheit, Haltbarkeit und Preiswürdigkeit unerreicht. Größe 35 cm. Stück Mk. 4.80

Nr. 11643. Mantelpuppe mit Glocken, aus dunklem Plüsch, mit feinem Zelluloidkopf. Wird die Puppe bewegt, ertönen harmonisch abgestimmte Glocken, welche sich im Innern derselben befinden. Größe 36 cm. Stück Mk. 1.35

Nr. 13004. Steifgelenkpuppe mit Schlafaugen, in Kattunkleid mit bunten Streifen besetzt. Batistkoller und Stoffhut. Größe 31 cm. Im Karton. Stück 85 Pf.

Nr. 13003. Steifgelenkpuppe mit kariertem, buntem Batistkleid und Batisthut mit Streifen. Größe 28 cm. Im Karton. Stück 65 Pf.

Nr. 13009. Gelenkpuppe mit Schlafaugen in farbigem Nattékleide. Jacke mit Besatz, weiße Bluse, mit Feder garnierter Strohhut. Zum An- und Ausziehen eingerichtet. Größe 35 cm. Im Karton. Stück Mk. 1.40

Nr. 13006. Gelenkpuppe mit Schlafaugen, in feinem Satin-Augustakleid, in Falten gearbeitet, mit buntem Besatz. Als Kopfputz dient eine kleine Haube mit Schleife. Zum An- und Ausziehen eingerichtet. Größe 30 cm. Im Karton. Stück Mk. 1.15

Nr. 5204. Doppelgelenkpuppe, cremefarbiges Ripskleid mit farbigem Tuchmantel, soutachiert und mit Goldknöpfen besetzt. Haube aus Tuch. Zum An- und Auskleiden. Größe 44 cm. Im Karton. Stück Mk. 3.90

Nr. 5204.

Nr. 6295. Gelenkpuppe, gestreiftes Kattunkleid mit Spielborte besetzt, und 2 Seitentaschen. Hut aus gestreiftem Kattun. Zum An- und Ausziehen. Größe 30 cm. Stück Mk. 1.25

Nr. 5203. Gelenkpuppe, farbiges Ripskleid mit Bordürenkattun und SatinAugusta garniert; Häubchen dazu passend mit Schleife und Hagebutten. Zum An- und Auskleiden. Größe 34 cm. Stück Mk. 1.50

Nr. 5203.

Nr. 13026. Doppelgelenkpuppe mit Schlafaugen und Wimpern, in Kaschmirkostüm, mit dunkelfarbigem Seidenbesatz. Bast-Glockenhut mit Blumen. Zum An- und Ausziehen eingerichtet. Größe 52 cm. Im Karton. Stück Mk. 7.50

Nr. 2672. Rodlerknabe mit Stimme, in weißem Sweater, blauen Hosen, Schuhen und Strümpfen. Größe 30 cm. Stück Mk. 1.25

Nr. 553. Rodelmädchen mit Stimme, in weißem Sweater, blauem Rock, Schuhen und Strümpfen. Größe 30 cm. Stück Mk. 1.25

Eine größere Auswahl in Puppen finden Sie in meiner Preisliste über Spielwaren.

Nr. 2474. Eskimoknabe mit Stimme, in feinem gelben Seidenplüsch und Plüschmütze. Größe 35 cm. Stück Mk. 2.80

Nr. 0593. Eskimomädchen mit Stimme, in gelbem Plüschjackett mit Wollstoffrock. Größe 35 cm. Stück Mk. 2.80

Nr. 13025. Doppelgelenkpuppe mit Schlafaugen und Wimpern, in weißem Batistkleid mit bunter Seidenrüsche und Bandgarnierung. Großer weißer Hut mit Straußenfedern. Zum An- und Ausziehen eingerichtet. Größe 52 cm. Im Karton. Stück Mk. 5.65

Kleines Fachwortregister

Autoperipatetikos (griechisch: Selbstläufer): In Amerika von E. R. Morrison erfundene und 1862 in England von A. V. Newton patentierte Puppe mit einem Laufmechanismus unter dem Rock, der einem Uhrwerk ähnlich die Metallfüße bewegt. Meist mit Porzellan- oder Pariankopf auf einem gestopften Körper.

Adelaide-Frisur: Biedermeierhochfrisur mit anmodelliertem meist schwarzem Haar; mittelgescheitelt mit seitlich über den Ohren gebauschten Lockentuffs und aufgetürmter Haarkrone am Oberkopf.

Alice im Wunderland: Puppe mit anmodellierter kinnlanger Blondhaarfrisur, die von einem schwarzen gemalten Band zurückgehalten wird.

Badepuppen: Porzellan- oder Biskuitpuppen aus einem Stück mit aufgemalten Haaren und Gesichtszügen. Charakteristisch der stämmige Kinderkörper mit leicht gegrätschten Beinen, abgewinkelten Armen und Fäusten. Zwischen 1870 und 1890 in Mode.

Bald head: Bezeichnung für einen runden geschlossenen Puppenkopf, der aufgemalte Haare oder eine Perücke tragen kann.

Balg: Puppenkörper aus Leder, Stoff, Filz, Nanking oder ähnlichem Material, gestopft mit Roßhaar, Wolle, Watte, Korkstückchen oder Sägemehl.

Ballkopf: Bezeichnung für Wachsköpfe, deren Haare in einem Schlitz auf dem Scheitel eingesetzt sind.

Bébépuppen: Puppen, die Kinder bis ca. sieben Jahre vorstellen; lösten ab 1870 die sog. Ladydolls ab. Kennzeichnend sind ihre großen strahlenden Augen und der kindliche Gesichtsausdruck. Meist mit Kugelgelenkkörpern aus Holz und später Composition.

Biskuit: Zweifach gebranntes Porzellan ohne Glasur. Bemalung erfolgt nach dem ersten Brand. Biskuitpuppenköpfe wurden vor 1890 meist gepreßt, später gegossen.

Bouche fermé: Französische Bezeichnung für den geschlossenen Mund.

Brustkopf: Kopf und Bruststück unbeweglich in einem Stück gearbeitet.

Bye-Lo-Baby: Babypuppe, die 1922 von Grace Storey Putnam nach einem drei Tage alten Säugling in Wachs modelliert und von Borgfeldt in New York produziert wurde.

Charakterpuppen: Lebensechte Puppentypen, meist nach Babies oder Kindern ausgeformt als Reaktion auf die klischeehaft erstarrten Puppengesichter zu Anfang des 20. Jahrhunderts. Unter direktem Einfluß der Kinderpuppen von Käthe Kruse.

China-Head-Dolls oder *Chinoisepuppen:* Puppen oder Puppenköpfe aus glasiertem Hartporzellan.

Composition oder *Mischmasse:* Werkstoff für Puppen aus ca. 100 Teilen Leim, 25 Teilen Glyzerin, Wachs, Zinkoxyd und Wasser sowie weiteren Bestandteilen wie Lederresten oder Gummi. Die Masse wird erhitzt und dann in Formen gepreßt oder gegossen. Vor dem 1. Weltkrieg meist kalt-, später heißgepreßt. Die Puppenköpfe wurden nach der Bemalung häufig mit einer Wachsschicht überzogen.

Docke: Altdeutsche Bezeichnung für Puppe. Dockenwerk bezeichnete im Mittelalter allgemein das Kinderspielzeug. Später hat sich das Wort Docke für die hölzernen Fatschenkinder des Oberammergauer und Berchtesgadener Gebiets erhalten.

Flirting Eyes oder *Schelmenaugen:* Eingesetzte, sich seitlich bewegende Glasaugen ab ca. 1890 gebräuchlich.

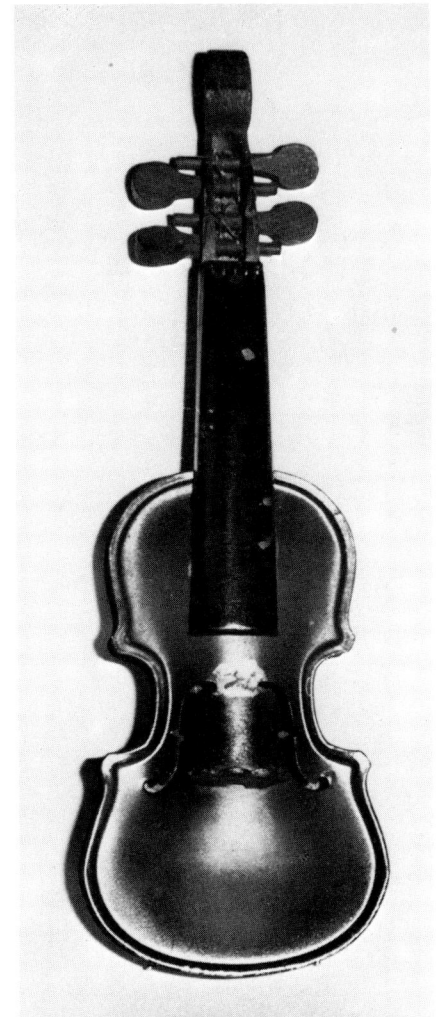

Blechgeige, ca. 1920,
12 cm hoch, DM 350,–

Gefrorene Charlotten oder *Frozen Charlottes:* Biskuit- oder Porzellanpuppen aus einem Stück, benannt nach einer um 1830 beliebten amerikanischen Moritatenheldin, die aus Eitelkeit in der Nacht erfror. Um 1850 bis 1914 in Mode.

Golliwog: Maskottchenartige Puppe nach einer Kinderbuchfigur von Florence Upton, 1895 patentiert.

Guttapercha: Dem Kautschuk ähnlicher, eingetrockneter Milchsaft der Palaquium-Bäume Malaysias. Auf der Londoner Weltausstellung 1851 wurden erstmals Puppenköpfe aus Guttapercha vorgestellt. Verarbeitung ähnlich wie Papiermaché; in Formen gepreßt. Besonders geeignet für Bälge.

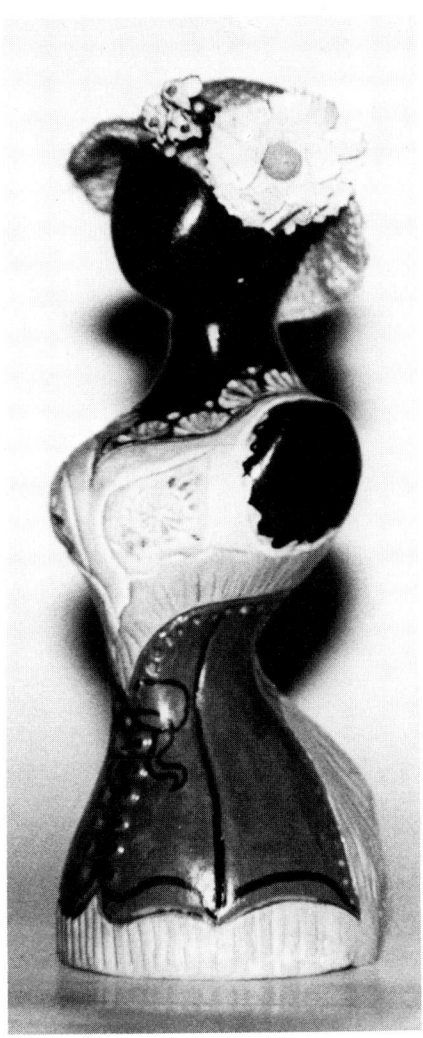

*Schneiderpuppe aus Pappmaché
mit aufgemalter Unterwäsche,
22 cm hoch, DM 500,–*

*Hütchen aus Stroh mit aufgesetzten
Blumen, um 1900, DM 100,–*

Hollandpuppen oder *Flandern Babies* oder *Dutch Dolls:* Wohl ursprünglich im Grödnertal gefertigte Holzpuppen, die massenweise von Holland nach England exportiert wurden. Kleinere Puppen meist mit Dübelgelenken, große auch mit Kugelgelenken. Typisch: schwarze aufgemalte Haare.

Kaliko: Baumwollgewebe, mit einer Appretur versehen. Geeignet für Puppenkörper.

Kewpies: 1913 als Puppe patentiert nach Rose O'Neills Zeichnungen zu Kindergeschichten in einem Damenjournal, die 1912 auch als Buch erschienen sind. Puppenausführung in Deutschland von Kestner.

Klapperdocken oder *Rasseldocken:* Gedrechselte Holzpuppen aus Sonneberg mit Erbsen oder Steinen im hohlen Körper.

Kürbiskopf: Wachsköpfe mit anmodelliertem Haar um 1840 bis 1860 in Mode. Auch Papiermachéköpfe mit Wachsüberzug.

Kugelgelenke: Nach allen Seiten bewegliche Gelenke mittels Kugeln und Pfannen.

Kurbelbrustkopf oder *swivel neck:* Kopf und Hals in einem Stück beweglich in die Brustplatte eingepaßt.

Kurbelkopf: Kopf und Hals mit abgerundetem unteren Halsende beweglich in den Puppenkörper eingepaßt.

Marottes: Steckerlpuppen oder »Schwenkelpuppen« auf einem Stiel meist als Harlequin oder Columbine.

Pandoren: Meist paarweise als sog. »Kleine« und »Große« auftretende Modepuppen. Die große Pandora trägt eine elegante Robe, während die kleine in ein Negligé, ein vornehmes Hauskleid gehüllt ist.

Paperweightaugen: Besonders ausdrucksvolle Glasaugen, die in ihrer Tiefenwirkung den Paperweights ähnlich sind.

Papiermaché: Material aus Papier und Leimlösung mit verschiedenen Zusätzen wie Stärke, Gummi, Gips, Kreide oder Ton, 1805 für Spielzeug patentiert. Verarbeitung durch Drücken in Formen, ab 1894 auch gegossen.

Parian: In England erfundenes, unglasiertes, hartes, cremeweißes, porzellanähnliches Material; benannt nach seiner Ähnlichkeit mit dem Marmor der griechischen Insel Paros; ohne Farbgebung. Zwischen 1850 und 1870 vorwiegend für Puppenköpfe in Mode.

Parisiennes: Damenhafte Puppen oder sog. *Lady Dolls* der renommierten Puppenhersteller mit reicher Ausstattung in erstklassiger Ausführung. Hervorragende Biskuitköpfe meist auf Lederbälgen, in Deutschland vorwiegend mit Compositionskörpern.

Queen-Anne-Puppe: In England seit dem 18. Jahrhundert beliebte, gedrechselte Holzpuppe mit beweglichen Gliedern und im Verhältnis zu großem, handgeschnitzten Kopf, in einem Stück gearbeitet. Gesichtszüge kräftig aufgemalt, häufig mit eingesetzten Glasaugen und kleinem Mündchen. Charakteristisch die kleinen Hände mit rechenartig eingekerbten Fingern.

Sockelkopf: Kopf, Hals und Brustplatte unbeweglich in einem Stück gearbeitet.

Steifhalspuppen oder *Stiff-neck-Puppen:* Kopf und Rumpf unbeweglich in einem Stück gearbeitet.

Tanzdocken: Gedrechselte Holzpuppen auf Borsten, die beispielsweise auf eine Zither gestellt, sich durch die Vibration beim Spiel bewegen.

Täufling: Von Eduard Lindner unter dem Eindruck einer ostasiatischen Puppe nach der Londoner Weltausstellung 1851 entwickelte Babypuppe, mit einem Hemdchen bekleidet. In den Holz- bzw. Papiermachékörper eingesetzte Stoffpartien ermöglichen die Beweglichkeit der Gliedmaßen. Hände und Füße sind, locker an Drähten eingehängt, ebenfalls drehbar.

Zelluloid: 1869 in New York erfundene, leicht zu verarbeitende Substanz aus Nitrozellulose und Kampfer, ab 1894 in der »Rheinischen Gummi- und Celluloid-Fabrik« zur Herstellung von Puppen verwendet.

Ziehdocken: Gedrechselte Holzpuppen mit einem Wickelkind auf den beweglichen Armen, das mittels Schnüren im Körper hochgehoben werden kann.

Zwei-Gesichter-Puppen: Puppen, meist mit einem lachenden und einem weinenden Gesicht (oder seltener mit einem weißen und einem schwarzen), deren eines durch leichte Drehung unter der Perücke verborgen werden kann.

Buchumschlag eines 1894 in der 7. Auflage im Verlag Enßlin und Laiblin, Reutlingen, erschienenen Kochbuchs für die Puppenküche, eine Sammlung solcher Rezepte, »welche bei einfacher und billiger Zusammensetzung die kleinen Köchinnen spielend für ihren späteren Beruf als Hausfrauen vorbereiten«.

Die Puppenhersteller und ihre Marken

Die Angaben der folgenden Übersicht beruhen meist auf Patenten und Annoncen der verschiedenen Firmen. Im Rahmen dieses Buches konnten jeweils nur einige wichtige Fakten zusammen gestellt werden, die die Firmenproduktion knapp charakterisieren. Leider gibt es für Puppen kein einheitliches Markensystem, nach denen sie sicher eingeordnet und datiert werden können. Häufig finden sich die gepreßten, gestempelten oder geschriebenen Marken im Nacken unter dem Haaransatz oder auf dem Bruststück und den Fußsohlen. Nummern können das Jahr der Erstausformung, den Modelltyp oder die Größe bezeichnen. Buchstaben beziehen sich eher auf die Herstellerfirma und den Entstehungsort. Seit den achtziger Jahren des vorigen Jahrhunderts tragen die Puppen oft Handelsmarken bzw. eingetragene Warenzeichen, wobei »Reg« registriert (und in englisch *registred*) gleichbedeutend mit »Dep« für *déposé* in Frankreich und *deponirt* in Deutschland verwendet wird.

Puppen, die nach 1890 in England eingeführt worden sind, müssen den Stempel des Ursprungslandes tragen, wie z. B. »Made in Germany«. Aber es gibt auch spätere Puppen ohne diesen Stempel, wenn beispielsweise nur die Verpackungsschachtel das Etikett des Ursprungslandes trug.

Alt, Beck & Gottschalck. Gegr. 1854
Nauendorf, Thüringen.
Biskuitköpfe (z. B. für Borgfeldt), meist mit Stoff- oder Compositionskörpern.
Modellnummer 1362 (ab ca. 1893) für Kinderpuppe.
Modellnummer 1352 und 1361 (um 1910) für Charakterbaby.

Arnold, Max Oscar. Gegr. 1878
Neustadt bei Coburg, Thüringen.
Vorwiegend mechanische Puppen.

Barrois, Emile.
Paris.
1846-1852   Mme. Barrois
1858-1877   E. Barrois
Vertrieb französische und deutsche Porzellanpuppenköpfe.
Marke: »E. B.« oftmals vorne auf dem Schulterstück, früher Biskuitköpfe.

E. J. DEPOSE B

Bartenstein, Fritz. 1880-1898.
Hüttensteinach, Thüringen.
Mehrere Patente für Zwei-Gesichter-Puppen, ein lachendes und ein weinendes Gesicht. Köpfe meist aus Composition mit Wachsüberzug.
Marke: »Bartenstein« in roter Tinte.

Bergner, Carl. 1890-1925.
Sonneberg, Thüringen.

Borgfeldt, Geo. & Co. Gegr. 1881
New York City, mit zahlreichen Niederlassungen in Toronto, Hannover 1882; London, Paris, Berlin, Fürth/Bay. 1886; Sonneberg, Wien 1887 usw.
Puppenhersteller und Importeur.
Erwarb für viele Firmen die Exklusivrechte in Amerika und Kanada bis zum 1. Weltkrieg, z. B. für Kämmer & Reinhardt; Handwerck; Steiff; Käthe Kruse; 1921 Kewpie. Borgfeldtpuppen kommen häufig mit Biskuitköpfen von Simon & Halbig und Armand Marseille vor.

Links: Borgfeldt Handelsmarke
Rechts: Armand Marseillekopf, wohl für Borgfeldt gefertigt.

Bru (Bru Jne. & Cie.). 1866-1899.
Paris und Montreuil-sous-Bois.
1866-1883   Casimir Bru d. J.
1883-1889   H. Chevrot
1890-1899   Paul Eugène Girard
1899   SFBJ

Puppen und Bébés, in allen Arten: Unbewegliche- und Gelenk-Ziegenlederkörper, Puppen aus Holz-, Papiermaché, Gummi und Porzellan, ebenso viele und verschiedene Materialien für die Köpfe. Umfassende Ausstattungen, auch für Brautpuppen. Zahlreiche Patente für weinende- und Zwei-Gesichter-Puppen (»Surprise«), für besonders haltbare Puppenkörper und für eine natürliche Haltung und Bewegung der Glieder und Augen.

Chase, Martha Jenks. Gegr. um 1880.
Pawtucket, Rhode Island.
Baby- und Kinderpuppen aus Stoff, häufig mit Schulter-, Ellenbogen-, Knie- und Hüftgelenken. Mit wasserfesten Ölfarben bemalt, häufig auch Unterarme und Beine. Frühe Puppen meist mit rosa Satinkörpern, spätere mit Körpern aus schwerer weißer Baumwolle.
1921   »Alice im Wunderland«.

Denamur, E. 1857-1898.
Paris.
Billigere Puppen. E. D.-Marke leicht zu verwechseln mit E. Dumont, Jumeau, Roullet, Decamps und Steiner.

Dressel, Cuno & Otto. Gegr. 1700
Sonneberg, Thüringen.
Älteste Puppenfirma, deren Tätigkeit kontinuierlich nachzuweisen ist. Spezialisiert auf Holz- und Papiermaché-Spielzeug.

1875   Handelsmarke »Holz-Masse«.
1906/07   Handelsmarke »Jutta«.
Vielseitige, solide und billige Damenpuppen und Puppenköpfe aus Papiermaché, Wachs, Composition und Biskuit.

Edward, John, 1856-1884.
London.
Wachspuppenhersteller.
Produzierte pro Jahr eine Million Puppen.

Eisenmann & Co. (Joseph Eisenmann). Gegr. 1905
Fürth/Bayern, London.
»London – Rag – Dolls«
Handelsmarke: Einco.

Fleischmann & Bloedel. 1873-1914.
Fürth/Bayern, ab ca. 1890 Zweigstelle in Paris.
Ab 1909 Nachfolger J. Berlin in Fürth.
Ab 1899 Mitglied der SFBJ.
Zahlreiche Patente für Sprech- und Laufpuppen.
1890   »Eden-Bébé« – Handelsmarke in Frankreich,
1891   »Eden-Puppe« – Handelsmarke in Deutschland.
1898   »Bébé-Triomphe« in Frankreich.
1910/1911   »Michu« – Handelsmarke für Stoffpuppen mit nahtlosen Gesichtern.

F 9

F 9   Société Française de Fabrication de Bébés et Jouets, Frankreich, ca. 1920.
Marke: »S. F. B. J. 236«
Kopf aus Biskuitporzellan mit kleinen Brandfehlern, braune Schlafaugen, offen-geschlossener, lächelnder Mund mit ausgeformten Zähnen.
Babykörper aus Composition mit Gelenk (kann sitzen und stehen!), Kleidung wohl alt, aber für eine größere Puppe gefertigt.
H 51 cm   5 000,–/6 000,–

F 10   Kämmer & Reinhardt/Simon & Halbig, Deutschland, um 1910
Sehr begehrte Charakterpuppe »117«
Marke: »K&R 117 // Simon & Halbig«
Kurbelkopf aus Biskuitporzellan mit blauen Schlafaugen und geschlossenem Mund.
Körper von Kämmer & Reinhardt aus Composition mit Gelenken, Original-Cape aus Wolle und gefälteltes »Seidenuntergewand«.
H 43 cm   8 000,–/16 000,–   F 10

Gaultier (Gautier). 1860-1916.
St.-Maurice (Seine) und Paris.
Biskuitporzellan-Puppenköpfe, Puppenteile und Bébés.
Obwohl die Firma ziemlich früh Porzellanköpfe von beachtlicher Qualität herstellte, ist nicht sicher, ob die zahlreichen »Gautiers« dieser Firma angehörten und die vielen FG-gemarkten Köpfe aus dieser Firma stammen.
1916   »La Poupée de France« – Handelsmarke.

Goodyear, Charles. 1839-1890.
New Haven, Connecticut.
Erfinder des Vulkanisierverfahrens für Gummi.
1851 Nelson Goodyear, Bruder des Charles, Erfinder des Hartgummi, der für Puppen verwendet wurde.

Greiner, Ludwig. 1840-1874.
Philadelphia.
1874-1833   Greiner Bros.
1890-1900   Francis B. Knell.
1858   Erstes amerikanisches Puppen-Patent.
Papiermachéköpfe meist mit schwarzem, mittelgescheiteltem modelliertem Haar. Ab ca. 1872 auch blonde Köpfe. Greiner-Köpfe häufig auf Lacmann-Puppenkörpern.

GREINER'S
IMPROVED
PATENTHEADS
Pat. March 30 th. '58

Handwerck, Heinrich. 1876-1902.
Gotha bei Waltershausen, Thüringen.
1902-1925 von Kämmer & Reinhardt unter Beibehaltung des ehemaligen Firmennamens übernommen.
Berühmte Handelsmarken:
1895   »Bébé Cosmopolite«,
1898   »Bébé Réclame«,
1913   »Bébé Superior«.

Papiermachégelenkkörper, Biskuitköpfe mit Schlafaugen, offener Mund mit Zähnen und Mohairperücken. Gelenke an Hals, Schultern, Ellenbogen, Knien, Hüften und Handgelenke. Bekleidet mit Schuhen, Strümpfen und Hemd.
1907 und 1911   »Gedenktäuflinge«.
1909/1910   Charaktergelenkpuppen von Münchner Künstlern nach lebenden Modellen entworfen.
1912   Puppen als japanische Buben und Mädchen in Kimonos nach der Natur modelliert.
1914   Charakterbabies.

Hartmann, Karl. Gegr. 1895.
Neustadt bei Coburg, Thüringen.
1918 Niederlassung in Stockheim, Bayern.
Hersteller und Exporteur von bekleideten Puppen, sowie Makler für deutsche Puppenfirmen.
Handelsmarken:
1899   »Globe Baby«,
1904   »Paladin Baby«, für bekleidete Puppen.
In Stockheim Produktion von Charakterbabies.

Heubach, Ernst. Gegr. 1887.
Köppelsdorf, Thüringen.
Biskuitporzellanpuppenköpfe, mit durchstochenen Nasenlöchern und Schelmenaugen.
Wohl ein Schwager von Armand Marseille.

Heubach, Gebrüder, 1820-1863, dann Nachfolger.
Lichte bei Wallendorf in Thüringen.
Puppen und Puppenköpfe aus Porzellan und Biskuit. Handelsadresse Sonneberg (dort wurden die Körper hergestellt).
Ab 1891 Export in alle Länder durch zahlreiche Agenten.
1910   Biskuitköpfe mit Intaglio-Augen für Charakterpuppen und Babies.
1912   Kokette Mädchenpuppen mit Schulterköpfen.
1913   Pfeifende Jungen mit Stoffkörpern.
Hervorragende, ausdrucksstarke Köpfe auf vergleichbar einfachen Körpern. Häufig mit modelliertem Haar. Vorwiegend kleine Puppen.

Huret, Maison. 1850-1920.
Paris.
1851   Gelenkpuppen aller Art mit Porzellanköpfen.
1861   Patent für einen in jeglicher Richtung zu bewegenden Porzellankopf.
1879   Guttapercha-Gelenk-Puppen sowie Guttapercha-Gelenk-Bébés.
Damen- bzw. Erwachsenen-Puppen mit Holzkörpern und Metallhänden.
Huret-Puppen kennzeichnet häufig ein breiter Unterkiefer mit einem leichten Doppelkinn.

HURET

Ideal Novelty & Toy Co. Gegr. 1907.
Brooklyn, N. Y.
Gründer Morris Michtom. Herstellung von Mischmasse-Puppen.
1909   Erste unzerbrechliche Charakterpuppe.
1913   50 verschiedene Modellnummern mit Kindercharaktergesichtern; Compositionsköpfe mit Biskuitüberzug.
1915   200 Arbeiter und 150 Modellnummern.
1916   Babykörper zum Stehen und Sitzen mit gebogenen Gliedern.

1922   »Poppa-Momma« – Laufpuppe, die sitzen, weinen, sprechen, lächeln und winken kann.
1923   »Surprise Baby«, Puppe mit zwei Gesichtern und zwei Stimmen, einer lachenden und einer weinenden.

Jullien. 1863-1904
Paris.
1875   Bekleidete Bébés, »Mignonettes von Nankeen«, »Zouaves« und »Marottes« im Angebot.
1885   Bekleidete unzerbrechliche Bébés in Luxus- und Einfachausführung. Damenpuppen, Mädchen, Bräute und Bauern mit feststehenden und drehbaren Köpfen auch als Gliederpuppen.
1892   »Bébé l' Universelle« in vier Ausführungen: z. B. steif, als Gelenkpuppe, als Gelenksprechpuppe und mit verschieden reicher Bekleidungsausstattung.
1895   »Bébé l' Universel« als Laufpuppe mit hohlen Holzgliedern, die sprechen kann, Zähne und Schlafaugen besitzt.

JuLLieN 1

Jumeau. 1842-1899 (ab 1899 SFBJ).
Paris, Montreuil-sous-Bois.
1842-1877   Pierre François Jumeau
1877-1899   Emile Jumeau
Eine der wichtigsten Puppenfirmen der Welt, die zahlreiche Medaillen und Patente erhielt.
1851   Weltausstellung in London: Medaille für Puppengarderobe.
Ab 1861 sprechende Bébé-Puppen im Angebot.
Ab 1873 eigene Porzellanmanufaktur in Montreuil für die Puppenköpfe, die vorher vielfach aus Deutschland importiert werden mußten.
Glanzzeit unter Emile Jumeau:
1878   »Médaille d' Or« auf der Pariser Weltausstellung für Puppen und Bébés, seither als Handelsmarke benützt.

1886   »Bébé Jumeau« und »Bébé Prodige«
1896   »Bébé Français«
Einige der wichtigsten Patente:
1885   Schließende Augenlider,
1886   Unzerbrechliche Puppe,
1887   Schlafaugen mit Wimpern.
14 verschiedene Größen bis zu einem Meter.
Sämtliche Zubehörartikel bis zu den Verpackungsschachteln selbst produziert.
Körper anfangs aus Leder über einem Drahtgestell, später aus Holz mit Gelenken und aus einzeln gegossenen Compositionsgliedern, die durch einen Kupferdraht verbunden sind.
Frühe Köpfe um 1885 dick mit rauher Innenseite, die späteren, gegossenen dünner.
Große Puppen meist mit angesetzten Ohren, kleine mit anmodellierten Ohren.
Produktionssteigerung der Bébé-Puppen während drei Jahren:
1881   85000 Stück
1883   115000 Stück
1884   220000 Stück.
Auch nach dem Zusammenschluß von 1899 kommen »Jumeau«-gemarkte Puppen vor, die nach den alten Modellen hergestellt wurden.

JUMEAU
MEDAILLE d'OR
PARIS

DÉPOSÉ
E. 7 J.

Kämmer & Reinhardt, Gegr. 1886.
Waltershausen, Thüringen.
Vorwiegend Charakterpuppen, anfangs mit Holzköpfen, später Biskuitköpfe (meist von Simon & Halbig) und Zelluloidköpfe (der Rheinischen Gummi & Zelluloid-Fabrik).
Einige Handelsmarken:
1901   »Mein Liebling«, »Majestic Doll«,
1907   »Die Kokette«,
1908   »Der Flirt«, »Der Schelm«,
1909   »Charakterpuppe«, darunter: Baby (eine der ersten Puppen mit gebeugten Gliedern), Peter, Marie,
1910   Karl, Elsie, Walter, Hans, Gretchen, Elsa,
1911   »Mein Kleines«
Zahlreiche Neuheiten und Patente für:
Holzcharakterköpfe, Zähne, Wimpern, ovale Holzgelenke, Badepüppchen mit beweglichen Armen.

1913   Laufpuppen, die stehen und sitzen und dabei den Kopf drehen können. Bewegliche Augen. Zelluloidköpfe mit Schlafaugen.

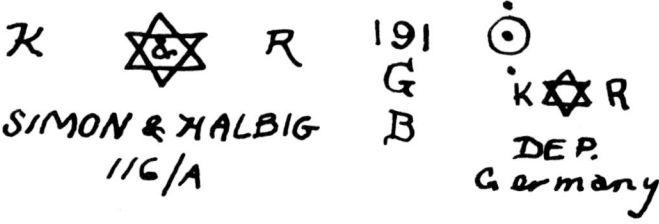

Kestner, J(ohannes). D(aniel). Gegr. 1805.
Waltershausen, Thüringen.
Begründer der Waltershausener Puppenindustrie. Wohl einer der wenigen deutschen Puppenhersteller, der nicht nur Puppenteile, sondern auch ganze Puppen produzierte.
Um 1845 Papiermachéköpfe auf Ziegenleder- oder Stoffkörpern mit Holzgliedern; bekleidet mit Schuhen, Strümpfen und Hemdchen mit Kapuze.
1860   Porzellan- und Biskuitköpfe in der eigenen Manufaktur in Ohrdruf hergestellt. Daneben Papiermachéköpfe mit Wachsüberzug und Schlafaugen. Puppen mit Quietschmechanismus.
1891   im Angebot: Köpfe aus Porzellan, Biskuit, Wachs; Compositionsgelenkkörper, Ziegenleder- und Nankeenkörper.
Ab ca. 1895 Kronenmarke mit Bändern.
1902 Puppen mit Biskuitköpfen mit Schlafaugen, Wimpern, Echthaarperücken und Zähnen auf korkgefüllten Ziegenlederkörpern mit Hüft- und Kniegelenken.
1910   Patent für Echthaaraugenbrauen bei Biskuitköpfen.
1913   »Kewpies«.
1914   Breitestes Angebot von Lederpuppen, Lederkörpern, Stoffpuppen, Papiermachégelenkpuppen, Zelluloidcharakterbabies, Biskuitbadepuppen und Puppenköpfen aus Porzellan, Papiermaché und Zelluloid.

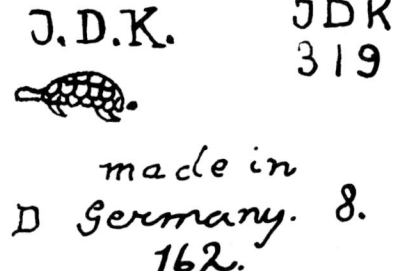

Kewpie.
1912 von Rose O' Neill entworfen und 1913 als Handelsmarke eingetragen und von Borgfeldt vertrieben. Von zahlreichen Firmen in Lizenz produziert wie z. B. Kestner. Kewpies gibt es in allen Materialien und die verschiedensten Typen darstellend (z. B. Cowboys, Polizisten, Nationalitäten).

Kley & Hahn. Gegr. 1895.
Ohrdruf, Thüringen.
1895-1902 Puppenköpfe und Badepuppen aus der Porzellanfabrik.
Ab 1902 Puppen verschiedener Arten.
Einige Handelsmarken:
1902 »Walküre«,
1910 »Schneewittchen«,
1911 »Meine Einzige«,
1913 »Cellunova«,
Charakterbabies und Gelenkpuppen aller Preislagen und in verschiedenen Qualitäten.

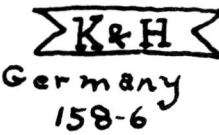 

Krauss, Gebrüder. 1863-1921.
Eisfeld.
Puppenhersteller und Exporteur.
Puppen der verschiedensten Materialien wie Papiermaché und Holz, bekleidet und unbekleidet.

Kruse, Käthe. Gegr. 1910.
Bad Kösen, Schlesien und Charlottenburg.
Berliner Bildhauersgattin, fertigte 1907 für ihre Kinder die erste Stoffpuppe aus einem Handtuch.
1910 bei einer Ausstellung von selbstgefertigtem Spielzeug aufsehenerregend.
Handbemalte Stoffpuppen mit beweglichen Gliedern.
1914 Wasserfestes Material.
1916 Patent für ausgestopfte Körper über einem Drahtgestell, das der Puppe ermöglichte, fast jede Haltung einzunehmen.
Später Puppen aus Zelluloid.

Lecomte & Alliot. 1866-1900.
Paris.
Vorwiegend mechanische Puppen.
Marke: »L. C.«

Lanternier, A. & Cie. Gegr. 1855.
Limoges.
Porzellanmanufaktur. Herstellung von Biskuitköpfen mit verschiedenen Namen wie »Favorite«, »La Georgienne« oder »Lorraine«.

Lenci. Ab 1920.
Turin.
1922 Handelsmarke für Puppen von Enrico Scavini; »Lenci« Kosename seiner Frau. Von Künstlern im Lenci-Studio handgearbeitete Stoffpuppen. Typisch die zur Seite blickenden Schelmenaugen.
1920 Angebot von 50 Modellen aus Filz mit beweglichen Armen und Beinen und Echthaarperücken.

Marseille, Armand. Gegr. 1865.
Köppelsdorf, Thüringen; Porzellanfabrik.
Zahlenmäßig finden sich Armand Marseille-Puppenköpfe am häufigsten. U. a. haben folgende Firmen Armand Marseille-Köpfe für ihre Puppen verwendet: Louis Wolf & Co; Louis Amberg & Sohn; Otto Gans.
Ab 1890 meist gemarkt:
370 bei Schulterköpfen,
390 bei Gelenkköpfen.
Möglicherweise bedeuten die vierstelligen Zahlen das Jahr der Erstausformung.
1924-1925 zahlreiche Kinderköpfe wie »My Dream Baby« (341 mit geschlossenem Mund und 351 mit offenem Mund) oder Ambergs »New Born Babe«.

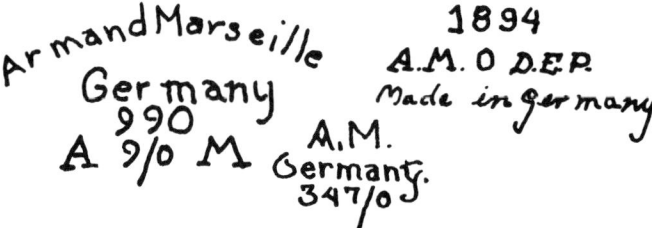

Marsh, Charles. 1878-1894.
London.
Wachspuppen und Papiermachépuppen mit Wachsüberzug. Bis 1913 waren Frau und Tochter tätig, die den Stempel »Charles Marsh, London« noch etwa bis 1900 verwendeten.
Gegossene Schulterköpfe mit langen, blonden, büschelweise eingesetzten mittelgescheitelten Haaren und zwei charakteristischen roten Punkten an den Nasenlöchern. Echthaarperükken, Brauen und Wimpern. Weiße ausgestopfte Leinenkörper.

May Frères Cie. 1890-1897.
Paris.
1890 »Bébé Mascotte« Handelsmarke.
1890 Patent für Metallmontage bei Babypuppen.
1892 »Bébé Mascotte« als Gliederpuppe, die alle Haltungen einschließlich Knien einnehmen konnte, mit Gelenken aus Holz.

Montanari, Augusta. 1851-1864.
London (1855-1884 Richard Montanari, ihr Sohn).
1851 London, Weltausstellung: Medaille für Wachspuppen, alle Lebensalter vorstellend, vom Kleinkind bis zur Frau in verschiedenen Familiengruppen. Hervorragende Ausführung mit einzeln eingesetzten Haaren, Wimpern, eingesetzten Augenlidern und unterschiedlichen, ausdrucksstarken Gesichtern.
Unbekleidete und angezogene Puppen, nach dem viktorianischen Schönheitsideal. Typisch mollige Proportionen mit niedrigen Augenbrauen, langen schwarzen Locken und Speckfalten am Halsansatz. Meist Kopf, Arme und Beine aus Wachs, häufig mittels Schnüren an einen Ziegenlederbalg genäht.

Motschmann, Ch. Um 1855-1860.
Sonneberg, Thüringen.
Beeinflußt durch die japanischen Babypuppen der Pariser Weltausstellung von 1855: Orientalische Puppen und japanische Babypuppen.
1857 Patent für Papiermachéköpfe mit Wachsüberzug und Stoffkörper.

Pierotti (Familie). 1780 bis um 1930.
London.
Wachspuppenmacherfamilie; Henry Pierotti.
Im Gegensatz zu den Montanari-Puppen südländische Puppentypen mit blonden kurzgeschnittenen Lockenköpfen. Die Haare büschelweise mit dem Messer kreisförmig vom Halsansatz zum Wirbel eingesetzt. Besonders schöner Teint dank einem Wachsfärbe-Geheimrezept.

Rabery & Delphieu. 1856-1898. Nachfolger Genty 1898-1899. Ab 1899 SFBJ.
Paris.
1875 Puppen mit feststehenden und beweglichen Köpfen auf Ziegenleder- und Leinenkörpern.
1881 Puppen und Bébés mit feststehenden oder Gelenkgliedern, mit Holzkörpern bzw. weißen oder rosa Ziegenlederbälgen, bekleidet und unbekleidet.
1890 R. D.-Marke für sprechende und unzerbrechliche Gliederbébés.
1893 Patent für Lauf- und Sprechpuppen.
1898 Handelsmarke »Bébé de Paris«.

R. 4. D   **R ⁵⁄₀ D**

Recknagel, Th. Gegr. 1886.
Alexandrinenthal bei Oeslau, Thüringen.
»R. A.«-gemarkte Biskuitköpfe auf Holz- oder Compositionskörpern.

R 86 A
6/0

Reinecke, Otto. Gegr. 1878.
Hof-Moschendorf, Bayern.
Porzellanmanufaktur mit P. M.-Marke, wohl identisch mit der auf Puppen gefundenen Marke.

P M
2 3
Germany
2   **R M**

Revalo. 1921.
Puppenserie der Gebrüder Ohlhaver.
Kugelgelenkpuppen, Babies mit gebeugten Gelenken und Kleinkinder in Hemdchen oder bekleidet.

Revalo
4.

Rheinische Gummi- und Celluloid-Fabrik Co. Gegr. 1873.
Mannheim-Neckarau, Bayern. Niederlassungen in London, Paris, Berlin und Wien.
Ab ca. 1889 Schildkrötmarke.
1899 Schildkrötmarke als Handelsmarke.
1902 Zelluloidpuppen – für Kestner, Kämmer & Reinhardt u. a.

Rohmer. 1857-1880.
Paris.
1857 Patente für Ziegenledergelenkkörper und Arme aus Guttapercha oder Gummi für Stoffkörper.
1858 Patent für neuartige Kopfbefestigung auf Ziegenleder-, Stoff- und Guttaperchakörpern mittels einer Schnur durch Kopf und Körper.
1886-1880 Puppen und Bébés mit Ziegenledergelenkkörpern, bekleidet und unbekleidet.

Schildkröt s. Rheinische Gummi- und Celluloid-Fabrik.

Schmidt, Franz & Co. Gegr. 1890.
Georgenthal bei Waltershausen, Thüringen.
Hersteller und Exporteur von unbekleideten Gliederpuppen und Puppenteilen.
1891 Englisches Patent für bewegliche Augenlider.
1895 Verschiedene Gelenkpuppen, Puppenköpfe aus Holz, Composition und Biskuit sowie verschiedenes Zubehör (Schuhe, Strümpfe, usw.).
1902 Deutsche Handelsmarke F. S. & Co.,
1909 Handelsmarke »Cellulobrin«,

1910   Handelsmarke »Tausendschönchen«,
1913   Handelsmarke »Little blue boy« für Babypuppen mit
Biskuitköpfen.

Schmitt. 18963-1891.
Paris.
1877   Schmitt & Fils Patent für Bearbeitung von Porzellan-
schulterköpfen für Puppen und Bébés.
1879   Patent für Ganz-Biskuit-Gelenk-Bébés.
1883   Patent für Wachsüberzug bei Biskuitpuppen- und Bé-
béköpfen.
1879-1890   »Bébé Schmitt« eine unzerbrechliche Bébége-
lenkpuppe.

Schoenau & Hoffmeister. Gegr. 1901.
Burggrub bei Kronach, Bayern.
Porzellanfabrik, spezialisiert auf Puppen und Puppenköpfe.
Die Marke ist oft auf provinziell gekleideten Puppen zu finden.
SH-Marke leicht zu verwechseln mit Simon & Halbig. Die
Nummern (1906, 1909 usw.) bezeichnen die Jahre, in denen
die Puppe erstmals hergestellt wurde.

Schoenhut, A. & Co. Gegr. 1872.
Philadelphia.
Holzpuppen und Spielsachen.
1903   »Humpty Dumpty Circus«-Puppen
»All-Wood Perfection Art Dolls« mit modellierten Frisuren
oder Mohairperücken, als Babys, Buben und Mädchen.

1913   Kinderpuppen mit gebogenen Armen und Beinen als
»Natural Arms and Legs«.
1915   Serie von Knabenpuppen als Athleten, Fußballspieler
usw. mit Taillengelenken »Manikins«.
1919   Babylaufpuppe.
1924   Serie billiger »Bass-Wood-Elastic-Dolls« mit Gummi-
statt Metallgelenken.

Simon & Halbig. Gegr. um 1870.
Gräfenhain bei Ohrdruf, Thüringen.
Porzellanfabrik, auf Biskuitpuppenköpfe und Ganzbiskuit-
puppen spezialisiert, auch Herstellung von Zelluloid- und
Compositionsköpfen.
S & H-Köpfe verwendet u. a. von:
Kämmer & Reinhardt (für die Charakterköpfe), Heinrich
Handwerck, Fleischmann & Bloedel, Jumeau.
Edison-Puppe (um 1889).
Zahlreiche Patente z. B. für bewegliche Augen 1890, 1891,
1893, 1903, 1905 usw.
1905   Handelsmarke: S & H
1914   Handelsmarke: Sitzende Figur.
Meist tragen die Köpfe Nummern, die die Form identifizieren,
Modell- und Größen-Nummern: eine Reihe von Charakter-
köpfen tragen römische Größen-Nummern, Nr. 1039 häufig
auf Jumeau-Puppen zu finden.

Société Française de Fabrication de Bébés & Jouets. Gegr. 1899.
(= SFBJ).
Paris und Montreuil-sous-Bois.
Mitglieder u. a.:
Jumeau, Bru, Fleischmann & Bloedel, Rabery & Delphieu,
Pintel & Godchaux.

Meist Puppen mit Biskuitköpfen auf Compositionskörpern, Perücken und Glasaugen. Typisch die sehr rundlichen Augen, bei denen häufig das Weiße des Augapfels unten sichtbar ist.

1905 SFBJ als Handelsmarke.

1911 Handelsmarke »Bébé Prodige«, »Bébé Jumeau«, Bébé Français.

1912 5 000 000 Puppen in der Fabrik in Vincennes produziert und in Paris von Mädchen, teils aus der Modebranche angekleidet.

1913 Handelsmarke »Bébé Triomphe«.

1920 Handelsmarken »Bébé Parisiana«, »Bébé Moderne«, »Le Séduisant«, »Bébé Parfait«.

1921 Schmetterling- und Bienenmarke auf allen Produkten (wie Schuhen, Perücken etc.).

1922 2800 Angestellte und 2000 verschiedene Modelle.

Die meisten Puppenköpfe sind numeriert, wobei sich auf Charakterköpfen häufig die Nr. »203« findet.

DÉPOSE
S.F.B.J.

S.F.B.J.
227
PARIS
·6

LE SÉDUISANT

Steiff, Margarete. 1877.
Giengen, Württemberg.

Filz-, Plüsch- und Samtpuppen mit einer charakteristischen Naht durch die Gesichtsmitte.

Marke: Metallknopf im Ohr.

Ab ca. 1894 Stoffpuppen, vorher meist Tiere.

1903 Niederlassungen in Berlin, Hamburg, Leipzig, London, Paris, Amsterdam und Florenz.

1902 Teddybär.

1908 waren 2000 Fabrikarbeiter beschäftigt, aber Fräulein Steiff versicherte, immer noch jede einzelne Puppe persönlich zu überprüfen.

Marke: »Knopf im Ohr«

Steiner, Jules Nicholas. 1855-1891.
Paris. (Auch Société Steiner).

1864-1873 spezialisiert auf sprechende und mechanische Gelenkpuppen und Bébés.

Zahlreiche Patente:

1889 »Le Petit Parisien«.

Porzellan- und Biskuitköpfe für unzerbrechliche Gliederpuppen und Bébés.

1889 Fahne als Handelsmarke.

1890 als Erfinder der Bébé-Puppe in Frankreich bezeichnet.

1890 »Bébé Premier Pas« (Laufpuppe mit Uhrwerkmechanismus), »Bébé Marcheur«.

Steiner-Nachfolger Amédé Lafosse und dessen Witwe ebenfalls zahlreiche Patente für Laufpuppen mit beweglichem Kopf, Kußhändchen werfend usw.

1899 Nachfolger Jules Mettais.

Handelsmarke: »Phénix Bébé«, »Bébé Liège« und »Poupée Merveilleuse«.

Abweichend vom französischen Typ haben Steiner-Puppen meist einen Pappdeckel als Kopfverschluß. Bei den Puppentypen mit geschlossenem Mund ist eine Wimpernzeichnung charakteristisch, die abwechselnd aus Punkten und Strichen am Lid besteht.

S⁼ᵉ F ³/₀

BÉBÉ "LE PARISIEN"
MEDAILLE D'OR
PARIS

STEINER
.S.G.D.G.
PARIS
A11

Thuillier André, Firma 1875 – 1898 nachweisbar
keine angemeldeten Patente, Köpfe vermutlich bei Gaultier bezogen, sorgsam gefertigte Bébés und Puppen (Porzellan, Bemahlung, Augen!), selten und gesucht

A.8.T.   AT·N° 8

Walker, Izannah F. 1873.
Central Falls, R. I.

1873 Patent für Lumpenpuppen.

Patented Nov: 4ᵗʰ 1873

Literaturverzeichnis

Bachmann, Manfred/Hansmann, Claus: *Das große Puppenbuch.* Leipzig 1971 und 1977

Baird, Bill: *The Art of the Puppet.* New York 1965

Bateman, Thelma: *Delightful Dolls.* Washington 1966

Bayer, Lydia: *Altes Spielzeug.* In: *Keysers Kunst- und Antiquitätenbuch, Bd. III.* München 1967

Böhmer, Bettina: *Püppchen.* Köln 1963

Boehn, Max von: *Puppen.* München 1929

Brovarone, Adelina Rauccio: *Pupeide, discorso intorno alla bambola.* Turin 1973

Cieslik, Jürgen und Marianne: *Puppen. Europäische Puppen 1800-1930.* Müchen 1979

Coleman, Dorothy, Elizabeth and Evelyn: *The Age of Dolls.* Washington 1965

Coleman, Dorothy, Elizabeth and Evelyn: *The Collector's Encyclopedia of Dolls.* New York 1968

Coleman, Elizabeth: *Dolls-Markers and Marks.* Washington 1963

Dröscher, Elke: *Puppenwelt.* Dortmund 1978, 1979

Early, A. K.: *English Dolls, Effigies and Puppets.* London 1955

Foulke, Jan: *Blue Book of Dolls & Values. A Guide to Identification.* USA 1978

Fraser, Antonia: *Schöne Puppen.* München 1984

Fritzsch, Karl Ewald/Bachmann, Manfred: *Deutsches Spielzeug.* Leipzig 1965

Gröber, Karl: *Kinderspielzeug aus alter Zeit.* München und London 1929

Hillier, Mary: *Puppen und Puppenmacher.* München 1984

Jacobs, Flora Gill/Faurholdt, Estrid: *Dolls and Dolls Houses.* Japan 1967

Johl, Janet Pagter: *The Fascinating Story of Dolls.* New York 1943

King, Eileen: *Puppen und Puppenhäuser.* Zürich 1977

King, Eileen: *The Price Guide to Dolls, Antique and Modern.* England 1977

Lehmann, Emmy: *Die Puppe im Wandel der Zeiten.* Sonneberg 1957

Lipinski, Angelika: *Geliebte Zelluloidpuppen,* Augsburg 1993

Noble, John: *Dolls.* London 1967

Paul, Sigrid: *Afrikanische Puppen.* Berlin 1970

Pfeffer, Franz: *Das Puppenbuch.* Berlin 1921

Richter, Lydia: *Antike Puppen,* Augsburg 1993

Schaarschmidt-Richter, Irmtraud: *Japanische Puppen.* München 1962

Schickele, René: *Das Puppenbuch.* Berlin 1921

Schoonmaker, Patricia: *Research of Kämmer und Reinhardt Dolls.* Hollywood, Kalifornien 1965

Shea, Ralph A.: *Doll Mark Clues.* 4 Bde. Ridgefield, N. J. 1972-1975

Wagner, Alice u. B.: *Käthe-Kruse-Puppen,* Augsburg 1993

White, Gwen: *Dolls of the World.* London 1962

White, Gwen: *European and American Dolls and Their Marks and Patents.* London 1966

White, Gwen: *Toys. Dolls. Automata. Marks and Labels.* London/Sydney 1975

Wilckens, Leonie von: *Tagesablauf im Puppenhaus. Bürgerliches Leben vor dreihundert Jahren.* München 1856

Wittkop-Ménardeau, Gabrielle: *Von Puppen und Marionetten.* Zürich 1962

FACHZEITSCHRIFTEN

Puppen & Spielzeug
Gert Wohlfarth GmbH
Postf. 101461
47014 Duisburg

Old Toys – Altes Spielzeug
(Monatsheft),
Gruttersdreef 541,
NL–7328 DW Apeldorn,
Niederlande

Dolls News
(Vierteljahresschrift),
Official publication of the united federation of doll clubs, incorporated Miss Judith Whorton,
Post Office Box 209,
Wilsonville AL 35 186/USA

Doll Castle News
(Zweimonatsschrift),
Dolls, Dollhouses & Miniatures,
P. O. Box 247,
Washington DC. N. J. 07882/USA

Dollami
(alle 2 Monate)
Gabea Verlag
Postf. 335
37253 Eschwege

Katalog-Bildteil

ULRIKE HEUSS-GRÄFENHAHN

Zum Katalog und zu den Preisangaben

Bei der Auswahl der hier aufgenommenen Puppen haben wir uns vorgenommen, möglichst viele bisher noch nicht publizierte Puppen, die speziell für dieses Buch fotografiert wurden, vorzustellen und zu bewerten. Die Preisangabe bezieht sich jeweils auf das abgebildete Stück und wurde aufgrund langjähriger Erfahrung im Handel mit Puppen eingeschätzt. Die genannten Werte lassen sich auf ähnliche Puppen oder solche aus gleicher Fabrikation zwar übertragen, doch muß man dabei beachten, daß es immer mehr oder weniger große Unterschiede gibt. Puppen sind weitgehend Handarbeit, die Bemalung der Gesichter wird je nach Begabung oder Stimmungslage der Arbeiterin (oft waren es Kinder!) ausfallen, das Porzellan bekommt beim Brennen unterschiedliches Aussehen, und schließlich spielt der Erhaltungszustand eine sehr große Rolle. Eine original gekleidete Puppe wird immer teurer sein, als eine mit später entstandenen Kleidern, und auch diese können in beiden Fällen mehr oder weniger wertvoll sein; dasselbe gilt von den Accessoires, die den Preis entsprechend beeinflussen. Selbst neu genähte Puppenkleider aus alten Stoffen können sehr teuer sein: so kostet die nach altem Muster sorgfältig angefertigte Ausstattung einer Lady-doll heute in Paris gut um die 1000 Mark.

Auf Grund von Fotos den Wert einer Puppe einzuschätzen, ist eigentlich kaum möglich. Man muß die Puppe selbst sehen, in die Hand nehmen und mit anderen vergleichen.

Wer auf eine wertbeständige »Kapitalanlage« bei seiner Sammlung Wert legt, sollte niemals beschädigte Puppen kaufen, auch wenn es sich nur um kleine Kratzer oder Risse handelt, weil man solche nur sehr schwer und schon gar nicht mit Gewinn verkaufen kann. Andererseits kann auch so eine kleine Invalidin, wenn sie schön ist und Ausstrahlung hat, so viel Freude machen, daß man sich auch für viel Geld auf keinen Fall mehr von ihr trennen möchte . . .

Für die Unterstützung bei der Beschaffung des Bildmaterials soll den nachstehenden Damen und Herren herzlich gedankt werden:

Alfred Barsotti, Zürich (Schweiz)
Elke Gottschalk, Nienburg (Deutschland)
Silvana Montali, Chiaravalle (Italien)
Adelina Rauccio-Brovarone, Ivrea (Italien)
Babette Schweizer, München (Deutschland)
Edurard von Kluge, Zürich (Schweiz)
Werner Hilbe, Innsbruck (Österreich)
Lore Höllersberger, Wien (Österreich)
Kunstbildarchiv Lenz, Hamburg, Foto Jochen Remmer.

1

2

1   Alt, Beck & Gottschalck, Deutschland, ca. 1915.
Halsmarke: »ABG« (Monogramm) //
1352 // Germany«
Kurbelkopf aus Biskuitporzellan, braune
Schlafaugen (»Flirty sleep eyes«), offener Mund mit beweglicher Zunge, braunes Echthaar original.
Körper aus Composition mit Kugelgelenken (»Toddler«), alte, lustige Kleidung.
H 44 cm   1 600,–/2 000,–

2   Emile Barrois, Frankreich, ca. 1880.
Marke: »EOB« auf Brustplatte
Kurbelkopf aus Biskuitporzellan mit
Brustplatte. Feststehende blaue Augen,
geschlossener Mund, durchstochene
Ohrläppchen, blondes Original-Mohairhaar.
Körper aus Leder mit abgenähten Fingern, Kleidung nicht original.
H 30 cm   6 000,–/9 000,–

**3   Fritz Bartenstein, Deutschland,
ca. 1880/90.**
Zwei-Gesichter-Puppe mit lachendem
und weinendem Ausdruck; zum Drehen
des Kopfes zieht man seitlich links an
zwei Schnüren.
Kurbelkopf aus Biskuitporzellan auf
Brustplatte aus Papiermaché. Feststehende blaue Augen, Mund offen bzw.
geschlossen, blondes Original-Mohairhaar.
Körper aus Stoff mit Armen und Beinen
aus Papiermaché. Kleidung original.
H 38 cm   6 000,–/7 500,–

3

3a

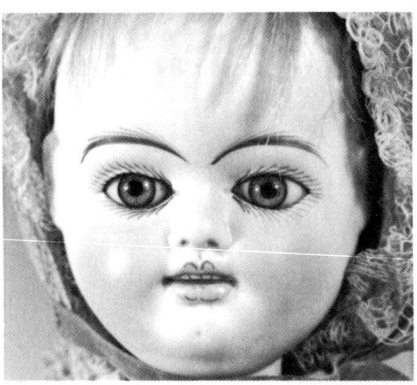

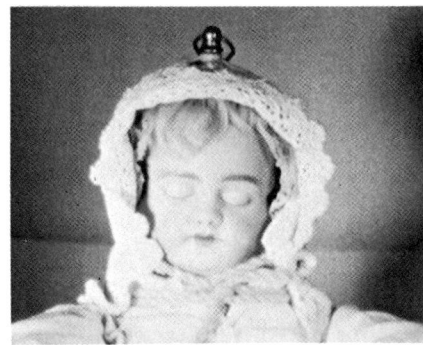

4   Carl Bergner, Deutschland, ca. 1910.
Kurbelkopf aus Biskuitporzellan mit Drehknopf und drei Gesichtern: lachend, weinend und schlafend. Feststehende blaue Augen, geschlossener Mund, keine Ohren, blondes Mohairhaar.
Körper aus Holz mit Kugelgelenk-Gliedern, Kleidung original.
H 33 cm   4 000,–/5 500,–

5   Baehr & Proeschild, Deutschland, ca. 1910
Kurbelkopf aus Biskuitporzellan, blaue gemalte Augen, geschlossener Mund, Wangengrübchen, rotes Echthaar, Körper aus Holz und Composition (?)
H 45 cm   4 000,–/6 000,–

6

7

8

6 Casimir Bru, Frankreich, um 1870.
Feiner Kurbelkopf aus Biskuitporzellan auf Brustplatte. Fest-
stehende blaue Glasaugen, geschlossener Mund, durchlöcherte
Ohrläppchen, Kinngrübchen, dunkelbraune Echthaarperücke.
Körper aus Ziegenleder, Unterarme und Hände aus Porzellan,
Unterschenkel aus Holz. Altes Samtkleid in altrosa.
H 45 cm   30000,–/40000,–

7 Casimir Bru, Frankreich, um 1875.
Marke: »BRU Jne. 9«
Kurbelkopf aus Biskuitporzellan auf Brustplatte. Feststehende
braune Paperweight-Glasaugen, geschlossener Mund, durch-
löcherte Ohrläppchen.
Körper aus Ziegenleder mit Unterarmen aus Biskuitporzellan
und Unterschenkeln und Füssen aus Holz. Herrliches Original-
Kleid aus rosa Seide.
H 51 cm   26000,–/36000,–

8 Casimir Bru, Frankreich, um 1879.
Marke: »BRU Jne. 10«
Kurbelkopf aus Biskuitporzellan auf Brustplatte. Feststehende
blaue Paperweight-Glasaugen, geschlossener Mund (»bouche
fermée«), durchstochene Ohrläppchen, Echthaarperücke.
Körper aus Ziegenleder, Arme aus Porzellan, Unterschenkel und
Füsse aus Holz. Türkisfarbenes Originalkleid, reich mit Spitzen
garniert.
H 67 cm   30000,–/40000,–

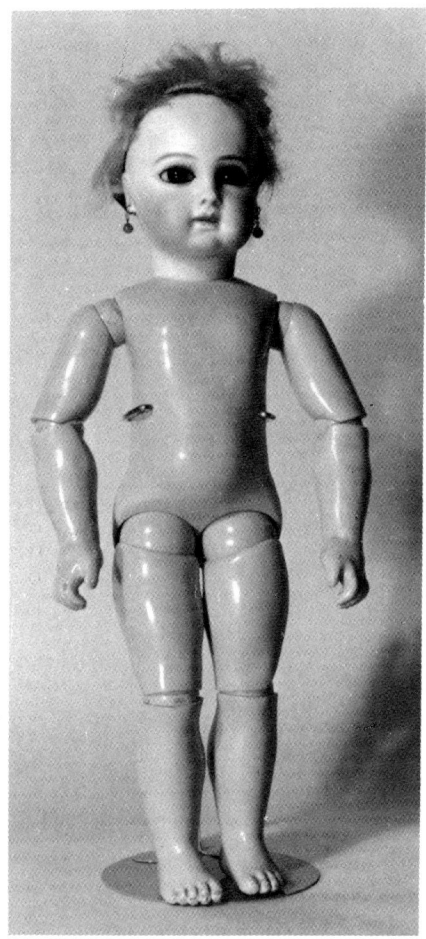  

9   Léon Casimir Bru, Frankreich, ca. 1880.
Sehr heller und zarter Biskuitporzellan-Kurbelkopf, feststehende dunkelbraune Glasaugen, geschlossener Mund, durchstochene Ohrläppchen, selten vorkommende Lederpelzperücke.
Körper aus Holz mit Kugelgelenken, Hände fest.
H 42 cm   25 000,–/30 000,–

10 Léon Casimir Bru, Frankreich, 1880.
Sehr hell und fein gezeichneter Biskuitporzellan-Kurbelkopf. Feststehende dunkelblaue Glasaugen, offener Mund, durchstochene Ohrläppchen mit Ohrringen, dunkelbraunes Echthaar original.
Körper aus Holz mit Kugelgelenken, handgestricktes Tüllkleid mit passendem Hut. Signierte Lederschuhe.
H 60 cm   10 000,–/12 000,–

11 Bru (Bru Jne. & Cie), Frankreich, 1880.
Marke: Kreis und Halbmond mit »S« auf der Schulter.
Kugelkopf aus Biskuitporzellan mit Brustplatte, leicht vorstehende Glasaugen, offener Mund.
Körper aus weißem Leder mit Guttapercha-Füllung, Hände aus Porzellan, Kleidung aus Satin und Samt sowie Trompete original.
H 41 cm   30 000,–/35 000,–

Sehr seltenes »Bébé« mit orientalischem Teint und Busen.

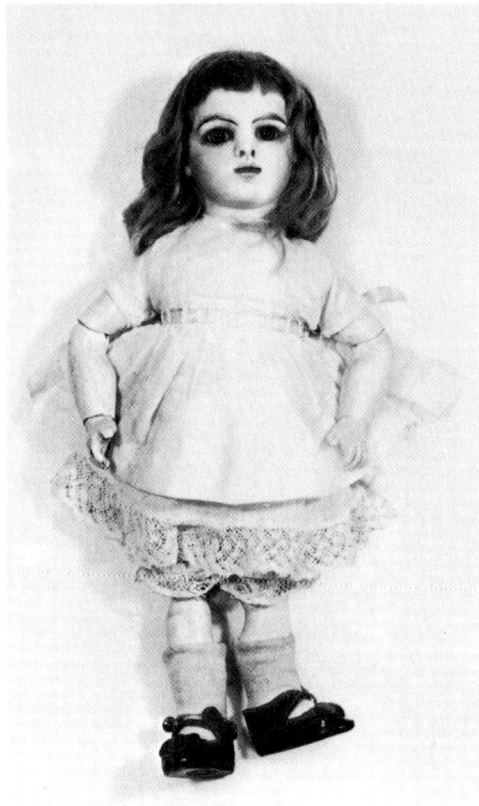

12

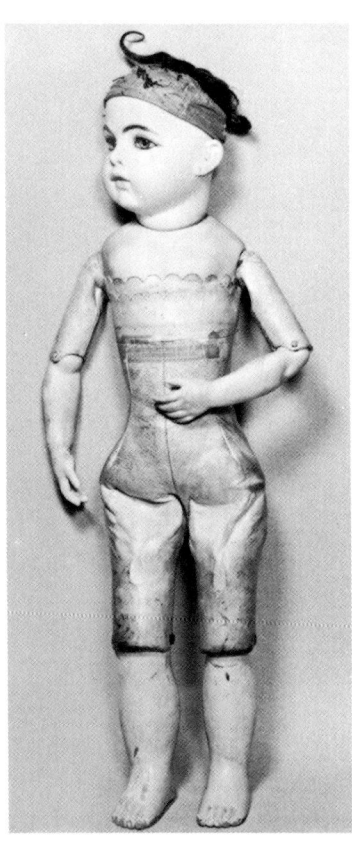

13

12   Bru (Bru Jne. & Cie), Frankreich. 1890.
Marke: »Bru Jne 2«
Kurbelkopf aus Biskuitporzellan mit dunkelbraunen Augen und dicken Augenbrauen, offener Mund, dunkle Haare original.
Compositionsgliederkörper aus späterer Zeit mit angesetzten Handgelenken.
Kleidung später, Schuhe original mit Bru-Marke.
H 25 cm   **8500,–/10000,–**

13   Bru (Bru Jne. & Cie), Frankreich, 1885.
Marke am Kopf »BRU. Jne 6«, an der Schulter »6 BRU. Jne«
Kurbelkopf mit Brustplatte aus Biskuitporzellan, blaßblaue Augen, geschlossener Mund, durchstochene Ohrläppchen. Körper aus Leder, Arme und Unterschenkel aus Holz, Gelenke teilweise aus Metall.
H 46 cm   **28000,–/36000,–**

14   Lecomte (Leconte) & Alliot, Frankreich, 1890.
Halsmarke: »LC« und Anker
Kurbelkopf aus Porzellan, braune Schlafaugen, auffallend kleiner, offener Mund, blondes Mohairhaar original.
Babykörper aus Mischmasse, Kleidung neu.
H 33 cm   **1000,–/1200,–**

15   Emile Denamur, Frankreich, 1890.
Halsmarke: »E 5 D«
Kurbelkopf aus Biskuitporzellan, feststehende graue Glasaugen, offener Mund mit angegossenen Zähnen, durchstochene Ohrläppchen mit Ohrringen, dunkelbraunes, besonders langes Echthaar original.
Körper aus Composition und Holz, Kugelgelenke, altes Kleid, Hut original.
H 37 cm   **2000,–/3000,–**

14   15

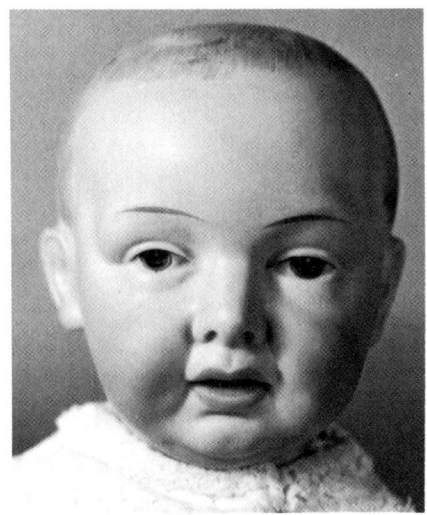

16   Joseph Eisenmann, Deutschland, 1912-1914.
Porzellan-Rundkopf mit gemalten Augen und offen-geschlossenem Mund. Haare gemalt.
Babykörper aus Composition, Original-Taufkleid.
H 32 cm   1800,–/2300,–

17   Cuno Dressel, Deutschland, ca. 1870.
Kopf und Brustplatte aus Papiermaché, feststehende blaue Glasaugen, geschlossener Mund, blondes Mohairhaar original.
Körper aus Stoff, Arme und Beine aus Papiermaché. Originalkleidung.
H 52 cm   2000,–/2200,–

18   Fleischmann & Bloedel, Frankreich, 1890.
Halsmarke: »F B & C«
Kurbelkopf aus Biskuitporzellan mit dunkelbraunen Schlafaugen, offener Mund, durchstochene Ohrläppchen, rotblondes Mohairhaar original.
Körper aus Composition, gerade Beine, Hände an Unterarmen fest, altes Kleid.
H 38 cm   1900,–/2400,–

19   Fleischmann & Bloedel, Frankreich, ca. 1890.
Halsmarke: »EDEN BEBE // Paris // 9«
Kurbelkopf aus Biskuitporzellan mit feststehenden dunkelbraunen Augen, offener Mund, durchstochene Ohrläppchen, schwarze Echthaar-Locken original.
Körper aus Composition, Beine gerade, Hände fest, Mantel und Hut original.
H 57 cm   3000,–/4200,–

17

18

19

20   Fleischmann & Bloedel, Frankreich, 1890.
Halsmarke: »EDEN BEBE // PARIS«
Kurbelkopf aus sehr hellem Biskuitporzellan mit feststehenden
hellblauen Augen, offener Mund, durchstochene Ohrläppchen,
nußbraunes Echthaar neu.
Körper aus Composition, Beine gerade, Hände fest an den
Unterarmen, altes Seidenkleid, Schuhe und Hut neu.
H 51 cm   3 000,–/4 100,–

F 11   Fernand Gaultier, Frankreich, ca. 1880.
Kurbelkopf aus Biskuitporzellan mit feststehenden braunen
Paperweight-Augen, geschlossener Mund, durchstochene
Ohrläppchen, rotes Echthaar neu.
Körper aus Composition und Holz, Kugelgelenke, Kleidung
original, Hut neu.
H 32 cm   5 000,–/8 000,–

F 12   Margarete Steiff, Deutschland, ca. 1915–1918.
Kopf aus Stoff mit Glasaugen.
Körper aus Stoff, Kleidung original.
H 33 cm   3 000,–/4 000,–

F 13   Fernand Gaultier, Frankreich, Ende 19. Jh.
Maroniverkäufer mit Ofen und Schirm.
Kurbelkopf aus Biskuitporzellan mit feststehenden blauen
Augen, geschlossener Mund, braune Haare original.
Körper aus Holz mit Porzellanhänden, Kleidung original.
H 25 cm   6 500,–/9 000,–

F 14   Ernst Heubach, Deutschland, Anfang 20. Jh.
»Charakter-Neger«
Marke: »Heubach-Köppelsdorf // 334 · O // Germany«
Kurbelkopf aus gebranntem Biskuitporzellan, feststehende
braune Augen, offener Mund, neues Echthaar.
Gliederkörper aus Composition mit Kugelgelenken,
Kleidung neu.
H 54 cm   3 000,–/3 800,–

F 11

F 12

F 13

F 14

21

22

21   Fleischmann & Bloedel, Frankreich, 1890.
Halsmarke: »EDEN - BEBE // PARIS // 14«
Kurbelkopf aus sehr hellem Biskuitporzellan, feststehende dunkelblaue Augen, geschlossener Mund, durchstochene Ohrläppchen, Mohairhaar original.
Körper aus Composition, feste Arme und Beine, Kleidung original.
H 40 cm   3300,–/3800,–

22   Fleischmann & Bloedel, Frankreich, 1890.
Halsmarke: »EDEN - BEBE // PARIS // 9«
Kurbelkopf aus Biskuitporzellan mit feststehenden grauen Glasaugen, offener Mund, durchstochene Ohrläppchen, braunes, langes Original-Echthaar.
Körper aus Composition, Kugelgelenke, neue Kleidung aus altem Stoff.
H 52 cm   3000,–/3500,–

23

24

23   Fernand Gaultier (?), Frankreich, 1880.
Porzellankurbelkopf mit Brustplatte, feststehende hellblaue Glasaugen, geschlossener Mund, durchstochene Ohrläppchen, sehr langes, dunkles Echthaar original.
Körper aus Leder mit Lederhändchen und Zwickelgelenken, Kleid, Stiefel, Handtasche und Hut original.
H 48 cm   5500,–/6500,–

24   Fernand Gaultier, Frankreich, 1860.
Halsmarke: »F. G.«
Brustplattenkopf aus Biskuitporzellan, feststehende wasserblaue Glasaugen, geschlossener Mund, durchstochene Ohrläppchen, braunes Echthaar original.
Körper aus Leder mit Lederhänden und Zwickelgelenken. Unterwäsche original, Kleid neu.
H 40 cm   3800,–/4200,–

25   F. Gaultier, Frankreich, ca. 1880
Marke: F & G
Kurbelkopf aus Biskuitporzellan auf Brustplatte, feststehende
hellblaue Glasaugen, durchstochene Ohrläppchen, blondes
Haar, vermutlich Mohair, Körper aus Composition mit Kugelge-
lenken
H 50 cm   **12000,–/14000,–**

26   F. Gaultier, Frankreich, 1890.
Halsmarke: »F. G. Bébé«
Sehr heller Porzellankurbelkopf, feststehende braune Augen,
geschlossener Mund, durchstochene Ohrläppchen, blondes
Mohairhaar original.
Körper aus Composition mit Kugelgelenken, Kleidung original.
H 50 cm   **10000,–/13000,–**

27   Heinrich Handwerck, Deutschland, 1890.
Porzellankurbelkopf mit wasserblauen Schlafaugen, offener Mund, durchstochene Ohrläppchen, blondes Mohairhaar original.
Körper aus Composition mit Kugelgelenken, Seidenkleid original.
H 53 cm   1600,–/2200,–

28   unten: Hertel, Schwab & Co., Deutschland
Googly-Charakterpuppe
Kopf aus Biskuitporzellan, seitlich blickende Glasaugen (sog. Schelmenaugen), »Melonen«-Mund, blondes Mohairhaar, Toddlerkörper
H 45 cm   8000,–/12000,–

29 Heinrich Handwerck, Deutschland, 1900.
Halsmarke: »DEP // Germany // Handwerck«
Porzellankurbelkopf mit blauen Schlafaugen, offener Mund, durchstochene Ohrläppchen, blondes Echthaar original. Körper aus Composition mit Kugelgelenken, Kleidung alt.
H 40 cm   1 600,–/2 400,–

30 Carl Hartmann, Deutschland, 1900.
Puppenstubenpuppe
Halsmarke: »Globe Baby // Hartmann Germany«
Porzellankurbelkopf mit blauen Schlafaugen, offener Mund, blondes Echthaar. Körper aus Composition, gerade Arme und Beine, Kleid und Hut original.
H 18 cm   600,–/900,–

29

30

31

32

31 Gebrüder Heubach, Deutschland, 1900.
Puppenstubenpuppe
Porzellankurbelkopf mit blauen Schlafaugen, offener Mund, dunkles Echthaar. Körper aus Composition, gerade Arme und Beine, Kleidung neu.
H 20 cm   400,–/800,–

32 Gebrüder Heubach, Deutschland, Anfang 20. Jh.
Mechanische Automaten-Laufpuppe
Marke: »7679 Germany«
Fester Biskuitporzellankopf mit feststehenden blauen Glasaugen, offengeschlossener Mund mit sichtbarer Zunge, dunkelblonde Echthaarperücke. Schöne Spitzen-Originalbekleidung. Durch Aufziehen des Mechanismus bewegt sich der Körper hin und her, und die Puppe läuft vorwärts.
H 29 cm   4 500,–/5 500,–

33 Gebrüder Heubach, Deutschland, Anfang 20. Jh.
Zwillinge in Tragkörbchen mit Musik.
Köpfe aus Biskuitporzellan mit gemalten Augen, offen-
geschlossener Mund mit jeweils zwei gemalten Zähnen, Haar
modelliert.
Durch Drücken des Kissens drehen sich die Köpfe nach innen
und es ertönt Musik.
H 26 cm   2000,–/3000,–

34 Gebrüder Heubach, Deutschland, 1910.
Halsmarke: »Gebr. Heubach«
Porzellankurbelkopf mit gemalten Augen, offen-geschlossener
Mund, Haare gemalt.
Babykörper aus Composition, Babykleid mit Tragepolster
original.
H 30 cm   1500,–/2000,–

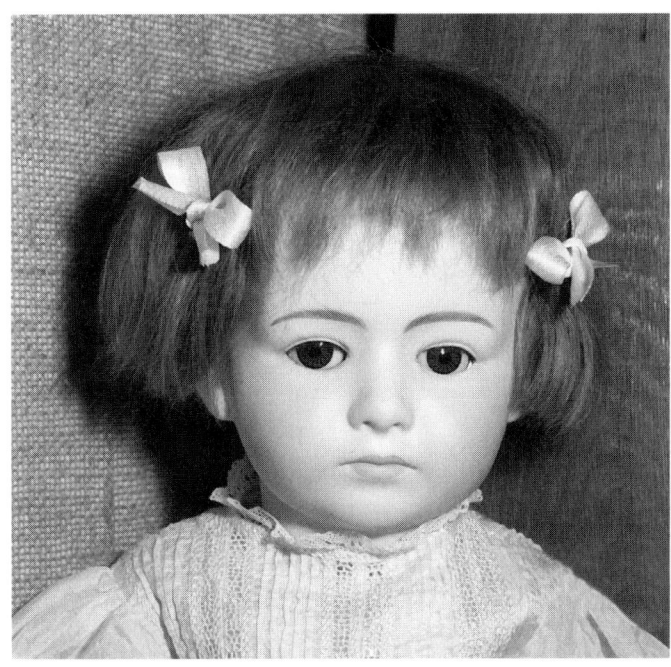

35   Gebrüder Heubach, Deutschland, Anfang 20. Jh.,
Halsmarke »7247«, Typ »Ponty Mouth«, Porzellankurbelkopf
mit feststehenden, braunen Glasaugen, geschlossener
Schmollmund, rotbraunes Haar,
Körper aus Composition mit Originalkleidung
H 45 cm   6 500,–/8 000,–

36   Gebrüder Heubach, Deutschland, Anfang 20. Jh.,
Halsmarke »5777«, sog. »Dolly Dimple«,
Porzellankurbelkopf mit feststehenden blauen Glasaugen,
offener Mund mit modellierter, oberer Zahnreihe, Wangengrüb-
chen, blondes Haar, Körper aus Composition
H 50 cm   6 000,–/8 000,–

37

38

39

37   Gebrüder Heubach, Deutschland, 1915.
Halsmarke: »HEU // BACH« mit Linien umgeben
Porzellankurbelkopf mit braunen Schlafaugen aus Glas, offener Mund, schwarzes Echthaar original.
Körper aus Composition mit Kugelgelenken, Kleidung original.
H 50 cm   1300,–/1900,–

38   Gebrüder Heubach, Deutschland, 1915.
Porzellankurbelkopf mit blauen Schlafaugen, offener Mund, blondes Mohairhaar original.
Körper aus Composition mit Kugelgelenken, neue Kleidung.
H 40 cm   1200,–/1800,–

39   Gebrüder Heubach, Deutschland, 1920.
Marke: »Revalo 3 DEP«
Kopf aus Biskuitporzellan mit grauen Intaglio-Augen, offen-geschlossener Mund, modellierte und gemalte braune Haare mit rosa Band.
Biegsamer Gliedertyp-Körper, Kleidung original.
H 25 cm   1200,–/1600,–

40   Gebrüder Heubach, Deutschland, 1915.
Zwillinge
Biskuitporzellan mit gemalten blauen Augen, Mund geschlossen, modellierte und gemalte Haare.
H 12 cm   einzeln **500,–/800,–**

41   Gebrüder Heubach, Deutschland, 1915.
Ausgefallene (lachende!) Negerpuppe
Halsmarke: »Heubach-Koppelsdorf / 418-3/0 / Germany«
Porzellankurbelkopf mit braunen Schlaf-augen, offener Mund, durchstochene Ohrläppchen mit Ohrringen, Haare modelliert und gemalt.
Babykörper aus Composition.
H 32 cm   **2200,–/2800,–**

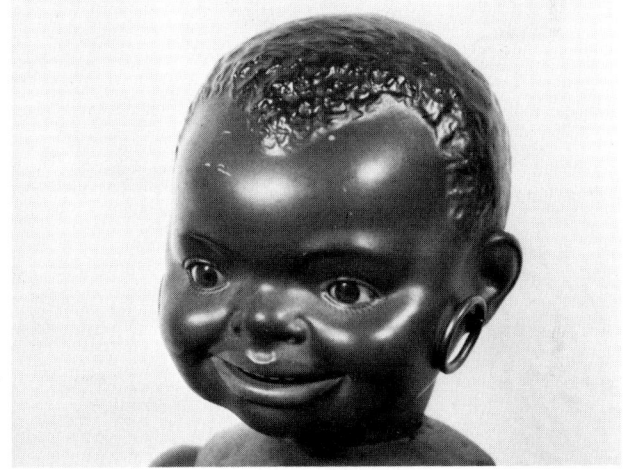

42   Gebrüder Heubach, Deutschland, 1915.
Sanitäter
Kurbelkopf aus Biskuitporzellan mit gemalten blauen Augen, Haare und Soldatenmütze ebenfalls gemalt.
Körper aus Composition und Holz mit Kugelgelenken, Kleidung neu.
H 34 cm   **2400,–/3200,–**

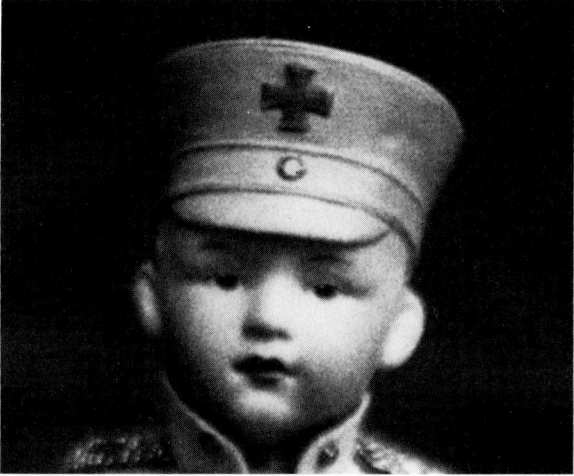

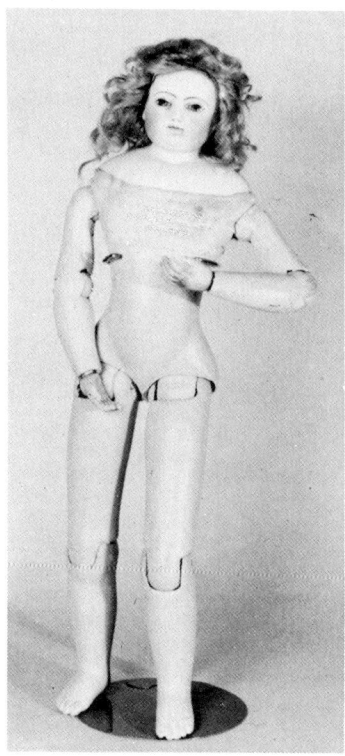

43

44   45

43   Maison Huret, Frankreich, 1870.
Körpermarke: »HURET // 34 Bould
Haussmann // Paris«
Kurbelkopf aus Biskuitporzellan mit
Brustplatte, gemalte blaue Augen,
geschlossener Mund, durchstochene
Ohrläppchen, rotblondes Mohairhaar
original.
Holzkörper mit Scharniergelenken,
Seidenkleid original. Traumhafte Puppe
in vollkommener Originalkleidung.
H 45 cm   18000,–/24000,–

44   Jullien Jeune, Frankreich, 1890.
Halsmarke: »JJ«
Kurbelkopf aus Biskuitporzellan, fest-
stehende braune Glasaugen, offener
Mund, durchstochene Ohrläppchen,
braunes Echthaar neu.
Körper aus Composition mit Kugel-
gelenken, Ripsmäntelchen original.
H 44 cm   2500,–/3200,–

45   Emile Jumeau, Frankreich, 1880.
Modepuppe
Halsmarke »4«
Kurbelkopf aus Biskuitporzellan mit
Brustplatte, feststehende braune Augen,
geschlossener Mund, durchstochene
Ohrläppchen, blondes Mohairhaar
original.
Lederkörper mit Lederhänden und
Zwickelgelenken, neue, aber sehr
schöne Kleidung.
H 35 cm   5500,–/6800,–

46 Emile Jumeau, Frankreich, o. J.
Bébé Jumeau
Feiner, zart bemalter Kurbelkopf aus
Biskuitporzellan, feststehende blaue
Glasaugen (Strahlenaugen), besonders
schön ausgeführte Wimpern und
Brauen, durchlöcherte Ohrläppchen,
offener Mund, hellbraune Echthaar-
perücke.
Sehr schön proportionierter Glieder-
körper mit den typischen Jumeau-
Händen. Einfaches, mit Stickerei
verziertes weißes Kleidchen, Unter-
wäsche mit den Original-Schuhen von
Jumeau, Strohhut mit Repsband.
H 53 cm   4 000,–/6 000,–

47   Pierre François Jumeau, Frankreich, um 1865.
Feiner, zart bemalter Kurbelkopf aus Biskuitporzellan, hellblaue
feststehende Paperweight-Augen, geschlossener Mund
(»bouche fermée«), blonde Mohairperücke.
Wunderschönes Brautkleid aus beigem Baumwollsatin.
H 55 cm   14 000,–/16 000,–

48   Emile Jumeau, Frankreich, 1880.
Modepuppe
Kurbelkopf aus Biskuitporzellan mit Brustplatte, feststehende
blaue Augen, geschlossener Mund, durchstochene Ohrläpp-
chen, blondes Mohairhaar original.
Lederkörper mit Lederhänden und Zwickelgelenken. Kleid,
Tasche und Schirm original.
H 45 cm   8 000,–/10 000,–

49

50

51

49 Emile Jumeau, Frankreich, o. J.
Halsmarke: »Tête Jumeau // S. G. D. G. //
Paris // 6«
Kurbelkopf aus Porzellan mit fest-
stehenden, blauen Paperweightaugen,
geschlossener Mund, Ohrläppchen
durchstochen, dunkelbraune Echthaar-
perücke original.
Gliederkörper aus Composition mit
Originalkleidung.
H 40 cm   6000,–/8000,–

50 Emile Jumeau, Frankreich, 1880.
Feiner und heller Kurbelkopf aus Biskuit-
porzellan mit feststehenden blauen
Paperweight-Augen, geschlossener
Mund (»bouche fermée«), dunkelblonde
Mohairperücke.
Früher Kugelgelenkkörper aus Holz und
Composition. Apartes Kleid aus hell-
blauem Rips.
H 56 cm   14000,–/16000,–

**51 Emile Jumeau, Frankreich,
um 1885.**
Marke: »DEPOSEE // E 10 J«, auf dem
Körper: »JUMEAU MEDAILLE D'OR
PARIS«.
Porzellan-Kurbelkopf mit feststehenden
braunen Paperweight-Glasaugen,
geschlossener Mund, fein gemalte
Wimpern und Brauen, blonde Echthaar-
perücke.
H 60 cm   8000,–/10000,–

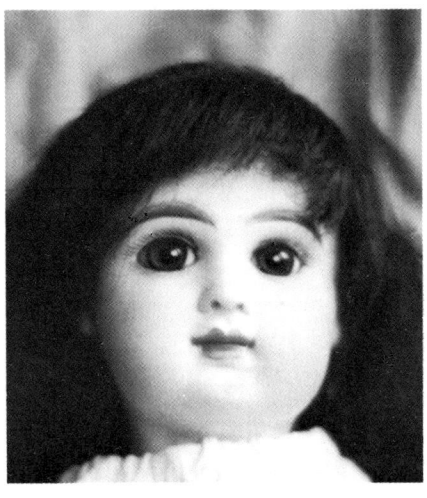

**53   Emile Jumeau, Frankreich,
ca. 1890.**
Halsmarke: »DEPOSE // TFTE JU-
MEAU // Bte S. G. D. G. // 7«
Körpermarke: »Jumeau // Médaille
d'or // Paris«
Porzellankurbelkopf mit feststehenden
braunen Paperweight-Augen,
geschlossener Mund, kastanienbraune
Echthaarperücke.
Gliederkörper aus Composition mit zehn
Kugelgelenken, Originalbekleidung.
H 40 cm   6000,–/7000,–

**52   Emile Jumeau, Frankreich,
um 1870.**
Musikautomat von Lambert, Paris
Kopfmarke: »DEPOSE TETE JUMEAU /
Bte. S. G. D. G. / 4«
Kopf aus Biskuitporzellan mit fein
gemalten Wimpern und Brauen, feststehende blaue Glasaugen (Paperweight-Effekt), geschlossener Mund
(»bouche fermée), blonde Mohairperücke.
Durch Aufziehen des Mechanismus
ertönt Musik, dann bewegt die Puppe
ihren Kopf hin und her. Der linke Arm mit
dem Blumenstrauß geht rauf und runter,
die rechte Hand bewegt den Schirm hin
und her.

52

H 60 cm   12000,–/18000,–

54 Emile Jumeau, Frankreich, 1880.
Halsmarke: »Déposé // Tête Jumeau //
S G D G // 7«
Kurbelkopf aus Biskuitporzellan, fest-
stehende graublaue Paperweight-
Augen, geschlossener Mund, durch-
stochene Ohrläppchen, rotes Echthaar
neu.
Körper aus Holz und Composition mit
Kugelgelenken, Kleidung vollkommen
original nach einem Entwurf von Carrier
Belleüse.
H 43 cm   7 500,–/9 000,–

55 Emile Jumeau, Frankreich, 1890.
Halsmarke: »Déposé // Tête Jumeau //
Bte S. G. D. G. // 5«
Sehr heller Porzellankurbelkopf mit feststehenden graublauen Glasaugen,
offener Mund, durchstochene Ohrläppchen, langes braunes Echthaar
original.
Gliederkörper aus Holz mit Kugelgelenken, Kleidung außergewöhnlich gut
erhalten und vollkommen original.
H 38 cm   3 500,–/4 500,–

56 Emile Jumeau, Frankreich, 1890.
Halsmarke: »Déposé // Tête Jumeau //
Bte SGDG // 8«
Porzellankurbelkopf mit feststehenden
blauen Paperweight-Augen,
geschlossener Mund, durchstochene
Ohrläppchen, sehr ausdrucksvolles
Gesicht, hellbraunes Echthaar alt.
Körper aus Holz und Composition mit
Kugelgelenken, Kleid neu, Hut alt.
H 55 cm   8 000,–/11 000,–

57

58

59

57   Danel & Cie, Frankreich, um 1889.
Marke: »PARIS – BEBE // TETE DEPOSEE // 8«
Feiner Kurbelkopf aus Biskuitporzellan, feststehende braune
Paperweight-Glasaugen, geschlossener Mund (»bouche
fermée«), durchstochene Ohrläppchen.
Diese Puppe wurde nach einem jüdischen Mädchen modelliert
und ist sehr selten.
H 55 cm   9000,–/12000,–

58   Emile Jumeau, Frankreich, um 1880.
»Jumeau triste«
Marke: »12«, auf dem Körper: »JUMEAU MEDAILLE D'OR/
PARIS«
Porzellan-Kurbelkopf mit feststehenden blauen Paperweight-
Glasaugen, geschlossener Mund (»bouche fermée«), aufge-
setzte Ohren, blonde Echthaarperücke.
H 66 cm   30000,–/40000,–

59   Emile Jumeau, Frankreich, Ende 19. Jh.
Halsmarke: »DEPOSEE // TETE JUMEAU // 8«
Porzellankurbelkopf mit blauen Schlafaugen, offener Mund,
braune Echthaarperücke original.
Gliederkörper aus Composition mit zehn Gelenken, Kleidung
original.
H 45 cm   4000,–/6000,–

60

61

62

60 Emile Jumeau, Frankreich, 1890.
Halsmarke: »1890«
Porzellankurbelkopf mit feststehenden blauen Glasaugen,
offener Mund mit angegossenen Zähnen, durchstochene Ohr-
läppchen, dunkelbraune Echthaarperücke original.
Gliederkörper aus Composition mit Kugelgelenken, altes Kleid,
Hut und Schürze.
H 50 cm   3600,–/4800,–

61 Emile Jumeau, Frankreich, um 1890.
Halsmarke: »DEPOSEE // TETE JUMEAU // Bte. S. G. D. G. // 11«
Körpermarke: »JUMEAU // MEDAILLE D'OR // PARIS«
Porzellankurbelkopf mit feststehenden blauen Glasaugen, fein
bemalte Wimpern und Brauen, geschlossener Mund (»bouche
fermée«), durchlöcherte Ohrläppchen mit Ohrringen.
In vollständiger Originalerhaltung mit der dazugehörigen
Schachtel.
H 66 cm   8000,–/10000,–

62 Emile Jumeau, Frankreich, um 1893.
Bébé-Jumeau-Phonographe
Marke: »DEPOSE // TETE JUMEAU // 11«
Kurbelkopf aus Biskuitporzellan, feststehende braune Paper-
weight-Augen, fein bemalte Wimpern und Brauen, offener Mund.
Durch Aufziehen des Mechanismus dreht sich die Wachsspule:
die Puppe singt ein Schlaflied.
H 63 cm   10000,–/14000,–

63

64

65

63 Emile Jumeau, Frankreich, ca. 1890.
Halsmarke: »XVI // 4«
Porzellankurbelkopf mit feststehenden blauen Paperweight-Augen, geschlossener Mund, rötlich blonde Mohairperücke original.
Gliederkörper aus Composition mit zehn Kugelgelenken, Originalbekleidung.
H 33 cm   **4800,–/5800,–**

64 Emile Jumeau, Frankreich, ca. 1890.
Halsmarke: »DEPOSE // TETE JU- MEAU // Bte S. G. D. G. // 6«
Porzellankurbelkopf mit braunen Paper- weight-Augen, geschlossener Mund, blonde Mohairperücke original.
Gliederkörper aus Composition mit zehn Gelenken, Kleidung original.
          5000,–/7000,–

65 Emile Jumeau, Frankreich, Ende 19. Jh.
Porzellankurbelkopf mit blauen Paper- weightaugen, geschlossener Mund, durchstochene Ohrläppchen, blondes Mohair-Haar, Kugelgelenkkörper aus Holz und Composition, Kleidung original
H 60 cm   **17000,–/20000,–**

66 Emile Jumeau, Frankreich, ca. 1890.
Halsmarke: »Déposé // Tête Jumeau // Bte S. G. D. G. // 10«
Porzellankurbelkopf mit feststehenden blauen Paperweight-Augen, geschlossener Mund, rotbraune Echthaarperücke.
Gliederkörper aus Composition mit zehn Kugelgelenken, Originalbekleidung mit »JUMEAU«-Marke, mit Originalschachtel.
H 70 cm   9000,–/11000,–

67 Emile Jumeau, Frankreich, 1890.
Halsmarke: »V«
Kurbelkopf aus Biskuitporzellan mit feststehenden blauen Glasaugen, geschlossener Mund, durchstochene Ohren, blondes Mohairhaar original.
Gliederkörper aus Holz mit Kugelgelenken, Kleidung original.
H 20 cm   4500,–/5500,–

68 Emile Jumeau, Frankreich, 1890.
Halsmarke: »8«
Kurbelkopf aus sehr schönem Biskuitporzellan mit feststehenden dunkelbraunen Augen, offener Mund mit angegossenen Zähnen, Ohrläppchen durchstochen. Langes braunes Echthaar original.
Holzkörper mit Kugelgelenken, Kleidung original.
H 54 cm   3000,–/4500,–

67

68

69   Emile Jumeau, Frankreich, 1896.
Halsmarke: »Déposé // Tête Jumeau //
10«
Kurbelkopf aus Biskuitporzellan mit fest-
stehenden graublauen Augen, offener
Mund, durchstochene Ohrläppchen,
braunes Echthaar original.
Gliederkörper aus Holz und Composition
mit Kugelgelenken, Kleidung neu.
H 60 cm   **4000,–/6000,–**

**70   Kämmer & Reinhardt, Deutsch-
land, 1906.**
Halsmarke: Stern und »K R // S + H //
117 A«
Kurbelkopf aus Biskuitporzellan mit
braunen Schlafaugen, geschlossener
Mund, durchstochene Ohrläppchen,
dunkelbraunes Echthaar original.
Körper aus Composition mit Kugelgelenken, Kleidung mit Pelzkragen
original.
H 63 cm   **14000,–/18000,–**

**71   Kämmer & Reinhardt, Deutsch-
land, ca. 1900**
Halsmarke: »K & R / S & H / 117 A«
Porzellankurbelkopf mit blauen Glasaugen, geschlossener Mund, rötlich-
braune Echthaarperücke, Kugelgelenkkörper aus Composition, Kleidung
original
H 70 cm   **14000,–/16000,–**

70

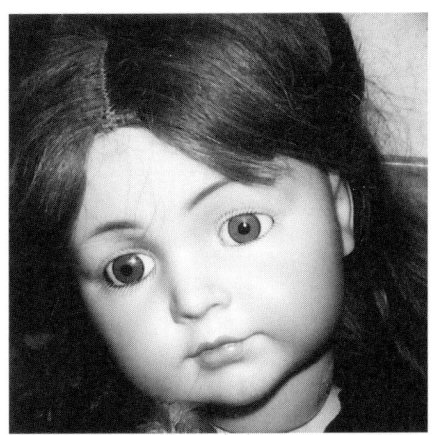

71

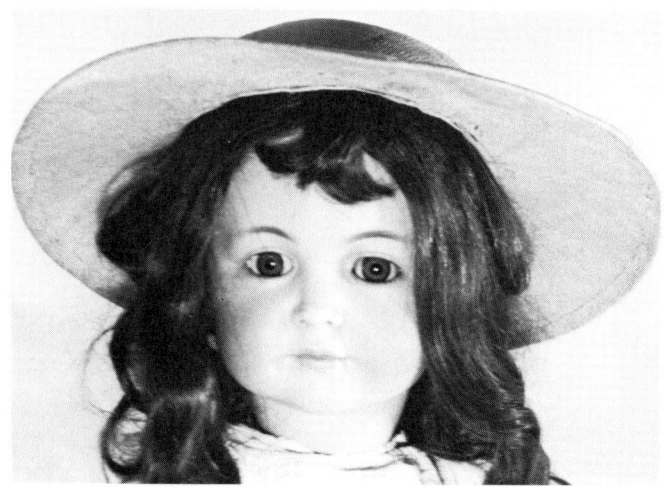

72

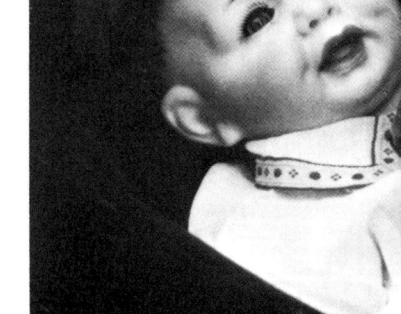

73

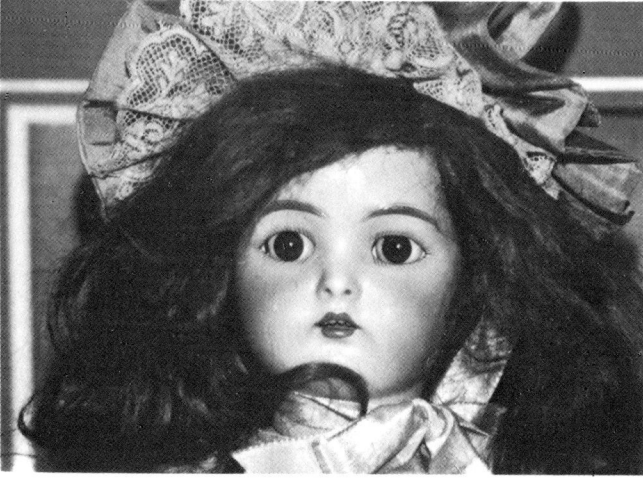

74

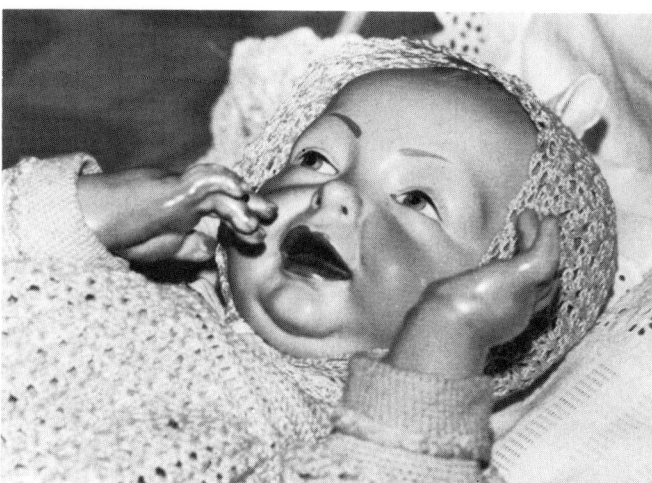

75

72 Kämmer & Reinhardt, Deutschland, Ende 19. Jh.
Halsmarke: »K & R // 117 A // 95«
Porzellankurbelkopf mit blauen Schlafaugen, geschlossener
Mund, dunkelbraune Echthaarperücke original.
Gelenkkörper aus Composition mit zehn Kugelgelenken,
Kleidung original.
H 95 cm   16 000,–/20 000,–

74 Kämmer & Reinhardt, Deutschland, 1900.
Halbautomatische Gehpuppe
Kurbelkopf aus Biskuitporzellan mit braunen Schlafaugen,
offener Mund, kastanienbraunes Mohairhaar original.
Körper aus Composition, Kleidung neu.
Wenn man die Beine bewegt, dreht sich ungleich der Kopf.
H 40 cm   1 800,–/2 800,–

73 Kämmer & Reinhardt, Deutschland, 1905.
Halsmarke: »K + R // 116 A«
Kurbelkopf aus Biskuitporzellan mit blauen Schlafaugen, offen-
geschlossener Mund, dunkles Echthaar.
Babykörper aus Composition, steife Arme und Beine, Kleidung
neu.
H 38 cm   6 000,–/8 000,–

75 Kämmer & Reinhardt, Deutschland, 1909.
Kaiserbaby
Halsmarke: »K + R // # 100«
Kurbelkopf aus Biskuitporzellan, gemalte blaue Augen, offen-
geschlossener Mund, gemalte Haare.
Babykörper aus Composition, Kleidung original.
H 45 cm   3 000,–/3 800,–

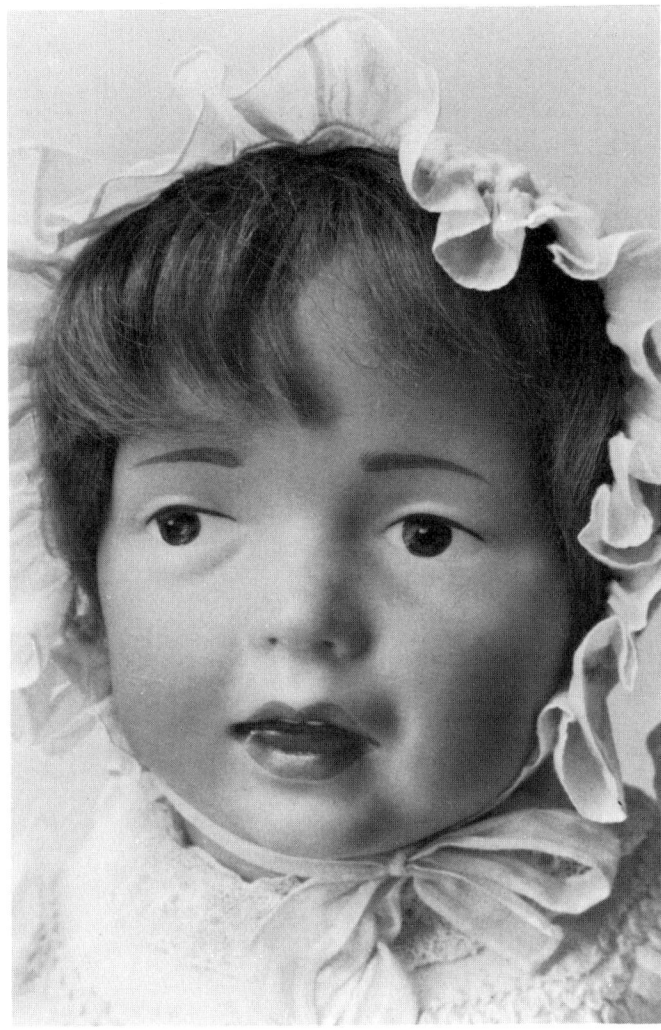

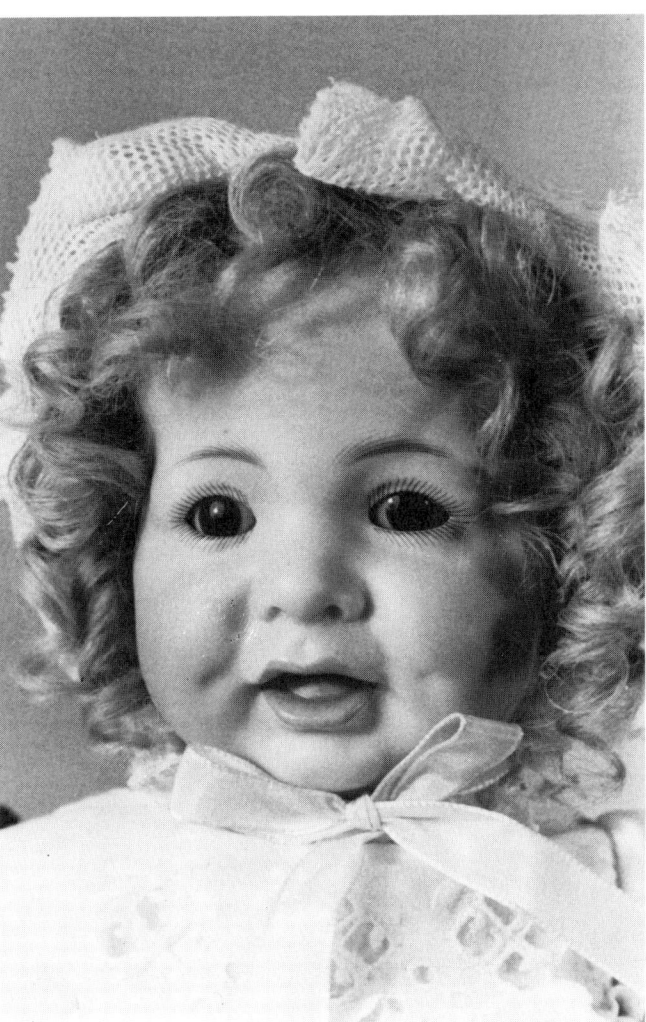

76

77

76 Kämmer & Reinhardt, Deutschland, um 1910.
Marke: »K 112 R«
Kurbelkopf aus Biskuitporzellan mit handgemalten blauen
Augen, offen-geschlossener Mund mit zwei bemalten Zähnen
oben, blonde Echthaarperücke.
Babykörper aus Composition.
H 45 cm   12000,–/18000,–

77 Kämmer & Reinhardt, Deutschland, um 1910.
Halsmarke: »K (Stern) R // S & H // 116/A 32«
Kurbelkopf aus Biskuitporzellan mit braunen Schlafaugen aus
Glas, fein gemalte Wimpern und Brauen, offen-geschlossener
Mund mit zwei Zähnen oben, blonde Mohairperücke.
H 42 cm   7000,–/12000,–

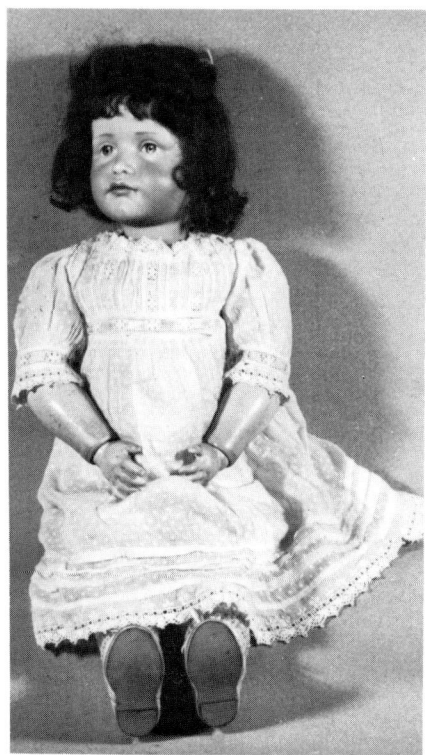

78

79

80

81

78 **Kämmer & Reinhardt, Deutschland, ca. 1910.**
Marke: »K & R // 114«
Kurbelkopf aus Biskuitporzellan mit halboffenen Augen, geschlossener Mund, dunkle Echthaarperücke.
Gliederkörper aus Composition, Kleidung original.
H 48 cm   **14 000,–/17 000,–**

79 **Kämmer & Reinhardt, Deutschland, 1910.**
Halsmarke: »K (Stern) R«
Kopf aus Celluloid mit blauen Schlafaugen, Mund offen, blondes Echthaar original.
Körper aus Composition mit Kugelgelenken, Kleidung und Schirm alt.
H 45 cm   **1 400,–/2 000,–**

80 **Kämmer & Reinhardt, Deutschland, ca. 1909**
Charakterpuppe »Peter«
Halsmarke »K & R / 101«
Kurbelkopf aus Biskuitporzellan mit gemalten braunen Augen, geschlossener Mund, rötlich blonde Mohair-Haare, Kugelgelenkkörper aus Composition, Kleidung original, Slg. J. Becker,
H 48 cm   **8 000,–/12 000,–**

81 **Kämmer und Reinhardt, Deutschland, 1915.**
Marke: »K (Stern) R 117«
Kurbelkopf aus Biskuitporzellan mit blauen Schlafaugen (»flirting eyes«), offener Mund mit Zähnen, blondes kurzes Mohairhaar original.
Körper aus Holz und Composition mit Kugelgelenken, Kleidung neu.
H 48 cm   **3 800,–/4 800,–**

82

83

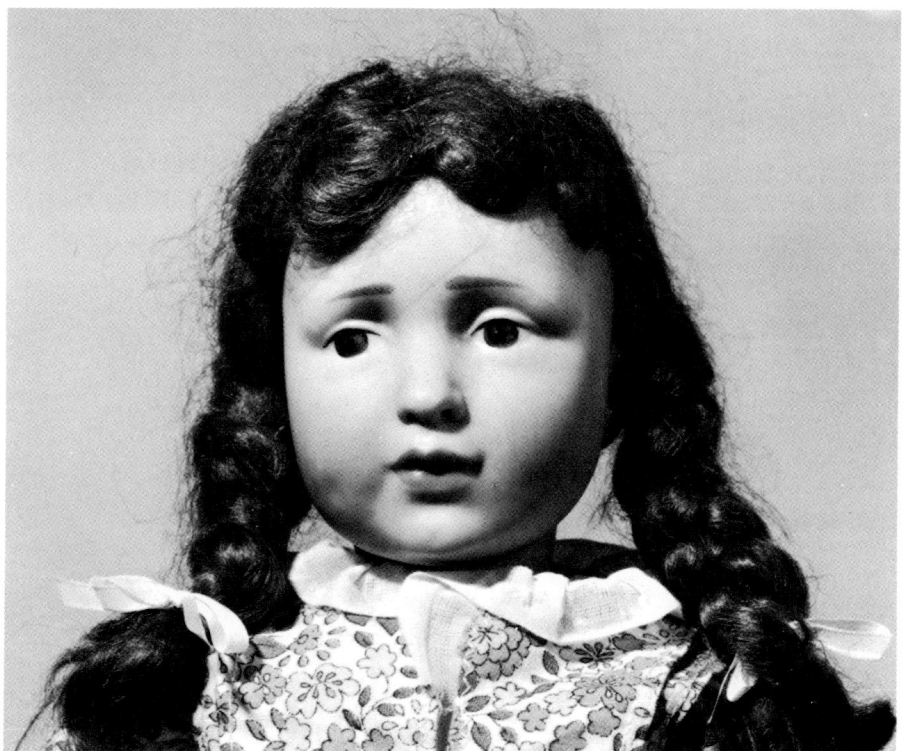

84

82   J. D. Kestner, Deutschland, ca. 1910
Typ A. T. Kestner
Kopf aus Biskuitporzellan mit braunen Glasaugen, geschlossener Mund, rötlich blonde Haare, früher Kugelgelenkkörper aus Composition mit festen Handgelenken
H 50 cm   20 000,–/25 000,–

83   Kämmer & Reinhardt, Deutschland, ca. 1914
Charakterpuppe   »Gretchen«
Marke »K & R / S & H / 114«
Kurbelkopf aus Biskuitporzellan mit gemalten blauen Augen, geschlossener Mund, blondes, langes Mohair-Haar, Gliederkörper aus Composition, alte Kleidung
H 48 cm   12 000,–/14 000,–

84   Kämmer & Reinhardt, Deutschland, ca. 1912.
Charakterpuppe »Elsie«
Halsmarke: »K & R // 109«
Kurbelkopf aus Biskuitporzellan mit gemalten braunen Augen und geschlossenem Mund, dunkelbraune Mohairhaare.
Körper aus Composition in guter Erhaltung, Kleidung aus der Zeit. Sehr selten.
H 38 cm   12 000,–/18 000,–

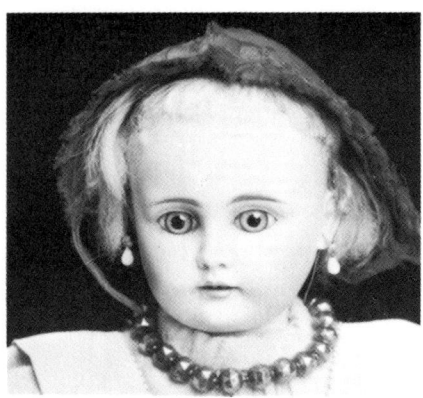

85

86

87

88

85   J. D. Kestner (?), Deutschland, ca. 1890.
Halsmarke: »DEP // 278-9«
Schulterkopf aus Biskuitporzellan mit feststehenden blauen Augen, durchstochene Ohrläppchen, offener Mund, Mohairperücke original.
Körper aus Ziegenlederbalg mit Biskuit-Halbarmen, Kleidung original.
H 50 Cm   2000,–/3500,–

86   J. D. Kestner, Deutschland, Ende 18. Jh.
Halsmarke: »Made in Germany // 171«
Kurbelkopf aus Biskuitporzellan mit braunen Schlafaugen, offener Mund, durchstochene Ohrläppchen, dunkelbraune Echthaarperücke original.
Gliederkörper aus Composition, Kleidung aus der Zeit.
H 40 cm   1500,–/2300,–

87   J. D. Kestner, Deutschland, 1915.
Halsmarke: »J. D. K. // Germany«
Kurbelkopf aus Biskuitporzellan mit braunen Schlafaugen, offener Mund, blondes Mohairhaar original.
Babykörper aus Composition mit altem Taufkleidchen.
H 38 cm   1800,–/2500,–

88   J. D. Kestner, Deutschland, 1915-1920.
Halsmarke: »JDK«
Kurbelkopf aus Biskuitporzellan mit blauen Schlafaugen, offener Mund, schwarzes Echthaar.
Babykörper aus Composition, Kleidung alt.
H 30 cm   1800,–/2300,–

89

90

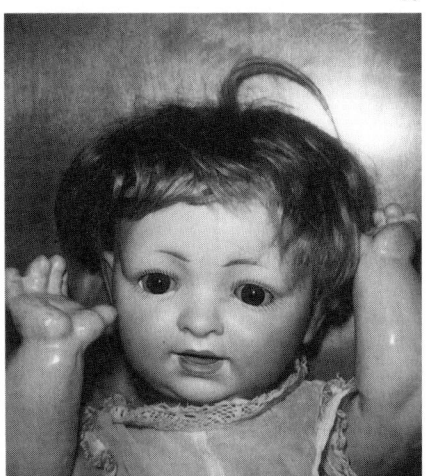

89

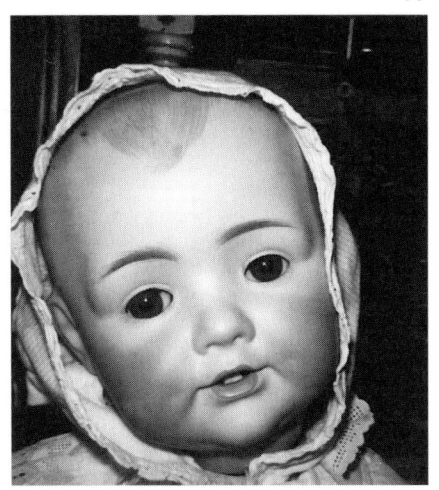

90

89   J. D. Kestner, Deutschland, Anfang 20. Jh.
Charakterpuppe, sog. »Baby Jane«
Vollkopf aus Biskuitporzellan mit braunen Schlafaugen, offen-geschlossener Mund, gemalte Haare, Babykörper aus Composition, alte Kleidung
H 45 cm   2000,–/2500,–

90   J. D. Kestner, Deutschland, Anfang 20. Jh.
Charakterbaby, Halsmarke: »151«
Kurbelkopf aus Biskuitporzellan mit braunen Schlafaugen, offen-geschlossener Mund, rotblondes Mohair-Haar, Babykörper aus Composition, alte Kleidung
H 32 cm   1500,–/2500,–

91 J. D. Kestner, Deutschland, ca. 1914.
Googly-Puppe
Marke: »JDK 221 // Ges. gesch.
F // Made in Germany // 10«
Kopf aus Biskuitporzellan mit blauen, sog. »Schelmen-Augen«, sog. »Melonen-mund«, blonde Haare.
Körper aus Composition mit Kugel-gelenken (»Toddler«).
H 37 cm   6 000,–/8 000,–

92 J. D. Kestner, Deutschland, 1910.
Halsmarke: »152/2«
Kurbelkopf aus Biskuitporzellan mit blauen Schlafaugen, offen-geschlossener Mund, abstehende Ohren, dunkles Echthaar.
Gliederkörper aus Composition mit Kugelgelenken (Toddler), Matrosen-anzug original.
H 54 cm   3 000,–/4 000,–

 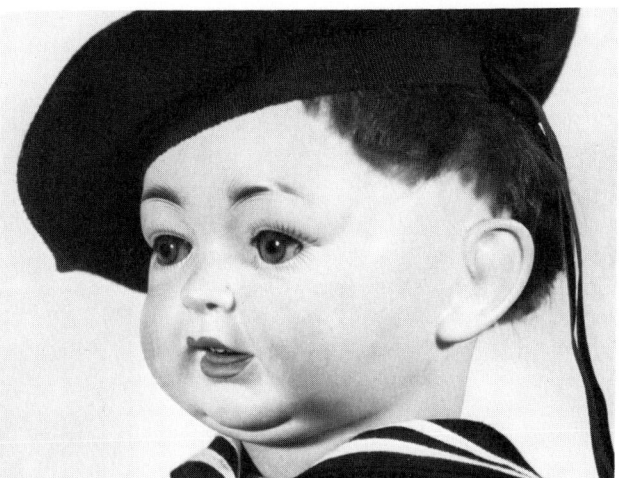

93

94

95

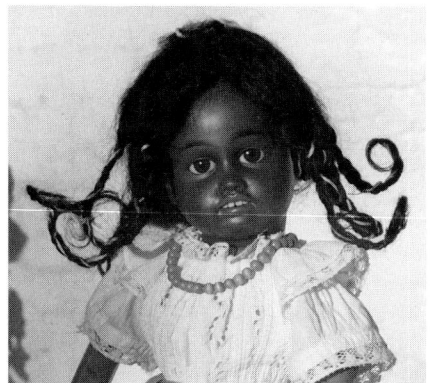

96

93 Kley & Hahn, Deutschland, 1920.
Halsmarke: »250 // K + H // Walküre 6 // Germany«
Kurbelkopf aus Porzellan mit blauen Schlafaugen, offener Mund, dunkles, kurzes Echthaar.
Gliederkörper aus Composition mit Kugelgelenken, Hut und Kleid alt.
H 70 cm   1 300,–/2 000,–

94 Gebr. Krauss, Deutschland, 1910.
Halsmarke: »G. K.« in Sonne
Kurbelkopf aus Porzellan mit blauen Schlafaugen, offener Mund, durchstochene ohren, schwarzes Mohairhaar original.
Gliederkörper aus Composition mit Kugelgelenken, Kleidung original.
H 55 cm   1 200,–/2 000,–

95 Gebrüder Kühnlenz, Deutschland, Anfang 20. Jh.
Marke: »G.K«
Braun getönter Kurbelkopf aus Porzellan mit braunen Glasaugen, offener Mund, modellierte obere Zähnchen, schwarze Mohair-Haare, Kugelgelenkkörper aus Holz und Composition, Kleidung original.
H 50 cm   7 000,–/8 000,–

96 A. Lanternier & Cie, Frankreich, 1900.
Halsmarke: »AL & Cie // Limoges«
Kurbelkopf aus Porzellan mit braunen Schlafaugen, sehr kleiner, offener Mund, durchstochene Ohren, schwarzes Echthaar original.
Körper aus Composition mit Kugelgelenken, gerade Beine, Kleidung neu.
H 36 cm   1 200,–/1 800,–

97

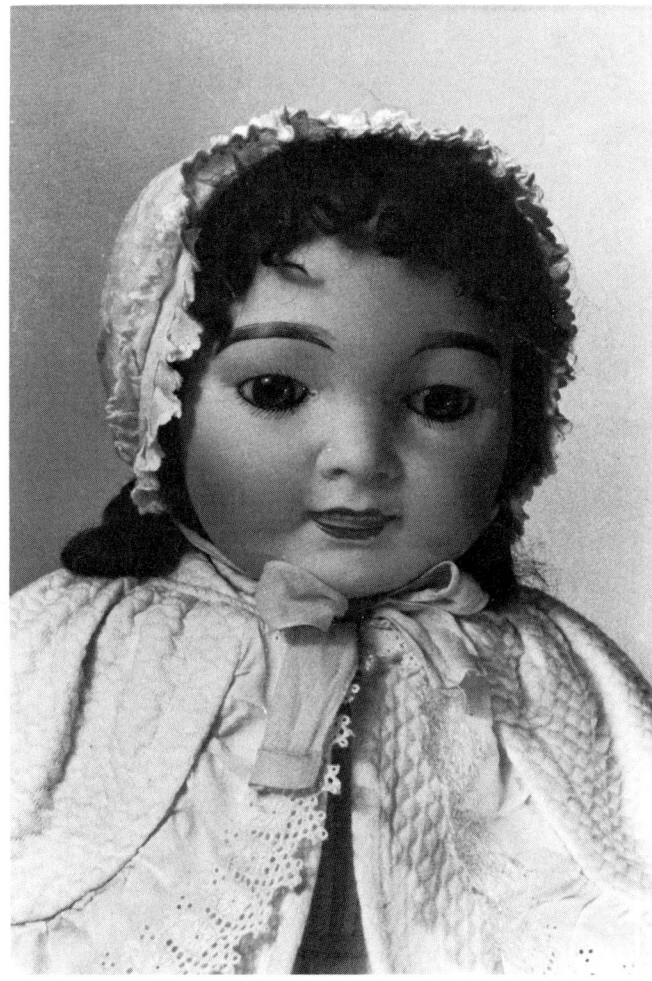

98

99

97 Koenig & Wernicke, Deutschland, um 1914.
Kurbelkopf aus hellem Biskuitporzellan mit braunen Schlaf-
augen, offener Mund mit zwei Zähnen oben, Echthaarperücke.
H 55 cm   1800,–/2800,–

98 A. Lanternier & Cie, Frankreich, um 1912.
»Bébé Limoges«
Marke: »CAPRICE N. 11 // LIMOGES«
Kurbelkopf aus Biskuitporzellan mit blauen Glasaugen, breite
gemalte Augenbrauen, offen-geschlossener Mund mit sechs
Zähnen oben, braune Mohairperücke.
Körper aus Composition, Piquékleid mit Häubchen.
H 55 cm   3500,–/5500,–

99 Gebrüder Kühnlenz, Deutschland, Anfang 20. Jh.
»Bru-Typ«, Marke: »G.K«
Kurbelkopf aus Biskuitporzellan mit braunen Glasaugen,
geschlossener Mund, rotes, langes Haar, Lederkörper mit
originaler Kleidung.
H 60 cm   8000,–/12000,–

100

101

100 Armand Marseille, Deutschland, Ende 19. Jh.
Blaskapelle »DE LA SANTE PARIS«, bestehend aus sechs
Musikern und »Dirigent«.
Marken jeweils: »MADE IN GERMANY // ARMAND MARSEILLE //
D. R. G. M. 246/1 390«.
Kurbelköpfe aus Biskuitporzellan, Körper aus Composition.
H 36 cm   **4500,–/6000,–**

101 Armand Marseille, Deutschland, Ende 19. Jh.
Halsmarke: »A. M. // C. O. D. 93-5 DEP // Made in Germany«
Schulterkopf aus Biskuitporzellan mit braunen Schlafaugen,
Echthaarperücke original.
Körper aus Ziegenlederbalg mit Halbarmen aus Biskuitporzellan,
Kleidung original.
H 65 cm   **1800,–/2200,–**

102 Armand Marseille, Deutschland, 1890.
Halsmarke: »A. M. // 370 // 5 DEP«
Brustplattenkopf aus Biskuitporzellan mit grauen Schlafaugen, offener Mund, dunkles Echthaar neu.
Körper aus Leder, Arme und Hände aus Biskuitporzellan, Zwickelgelenke, Kleidung neu.
H 58 cm   **1600,–/2000,–**

103 Armand Marseille, Deutschland, 1894.
Halsmarke: »A. M. // 1894«
Kurbelkopf aus Biskuitporzellan mit feststehenden blauen Augen, offener Mund, dunkelbraunes Echthaar original.
Gliederkörper aus Holz und Composition, Kugelgelenke, Kleidung neu, Schirm alt.
H 48 cm   **1600,–/2200,–**

102

103

104

105

104 Armand Marseille, Deutschland, 1894.
Halsmarke: »A. M. // 1894«
Kurbelkopf aus Biskuitporzellan mit feststehenden braunen Augen, offener Mund, blondes Mohairhaar original.
Gliederkörper aus Holz und Composition mit Kugelgelenken. Kleidung original.
H 43 cm   **1400,–/2000,–**

105 Armand Marseille, Deutschland, 1900.
Halsmarke: »A. M. // 390«
Porzellankurbelkopf mit braunen Schlafaugen, offener Mund, dunkles Echthaar original.
Körper aus Composition mit Kugelgelenken, Hände fest, Originaltracht.
H 22 cm   **1200,–/1800,–**

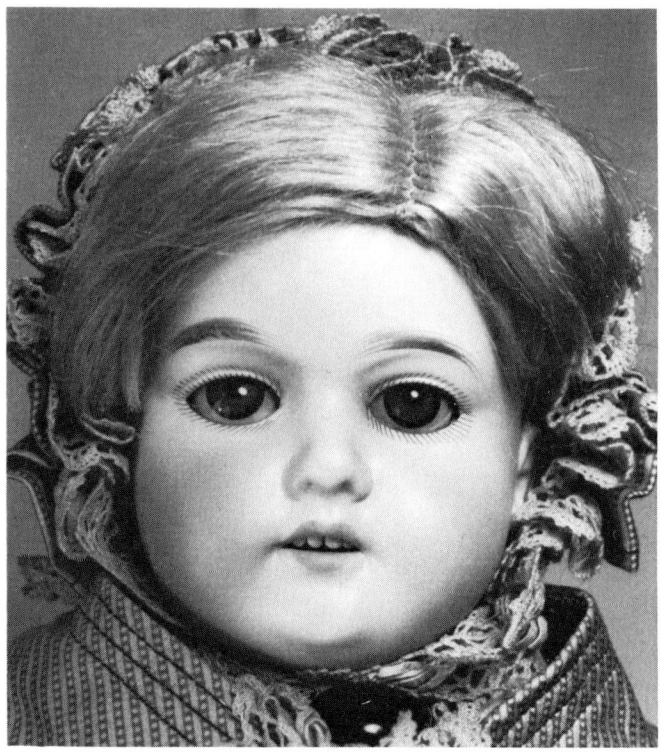

106

107

108

106 Armand Marseille, Deutschland, um 1898.
Marke: »370 // A. M. // 1 DEP // Germany«
Brustplattenkopf aus Biskuitporzellan, Glasschlafaugen, offener Mund mit vier Zähnen oben, blonde Mohairperücke.
Körper aus Ziegenleder, Unterarme und Beine aus Porzellan.
H 51 cm   1800,–/2200,–

107 M. J. Möchling, Aich (Böhmen), 1900.
Marke: »A. M. // Austria«
(Wird oft irrtümlich als »Armand Marseille« gedeutet, statt »Aich, Möchling«.)
Kurbelkopf aus Biskuitporzellan mit feststehenden blauen Augen, offener Mund, blondes Mohairhaar original.
Holzkörper mit Kugelgelenken, Originalkleidung.
H 55 cm   1400,–/2000,–

108 Armand Marseille, Deutschland, 1900.
Halsmarke: »Armand Marseille // 390 // A 1 M«
Porzellankurbelkopf mit braunen Schlafaugen, offener Mund, blondes Echthaar neu.
Gliederkörper aus Composition mit Kugelgelenken, Hände fest, Kleidung alt.
H 18 cm   600,–/900,–

109

109   Armand Marseille, Deutschland, 1900.
Vier Trachtenpuppen
Halsmarke: »3200 // A. M. 9/0. Dep« (1-3)
Brustplattenköpfe aus Biskuitporzellan
mit Schlafaugen, offener (1-3) bzw.
geschlossener (4) Mund, blondes
Mohairhaar original.
Lederkörper mit Porzellanhänden,
Zwickelgelenke, Originaltrachten.
H 29 cm   (1-3)   **800,–/1000,–**
              (4)   **1400,–/2400,–**

110   Armand Marseille, Deutschland, 1900.
Halsmarke: »A. M. // 390«
Porzellankurbelkopf mit blauen Schlaf-
augen, offener Mund, schwarzes Echt-
haar original.
Babykörper aus Composition mit
gehäkelter Kleidung aus der Zeit.
H 40 cm   **800,–/1400,–**

110

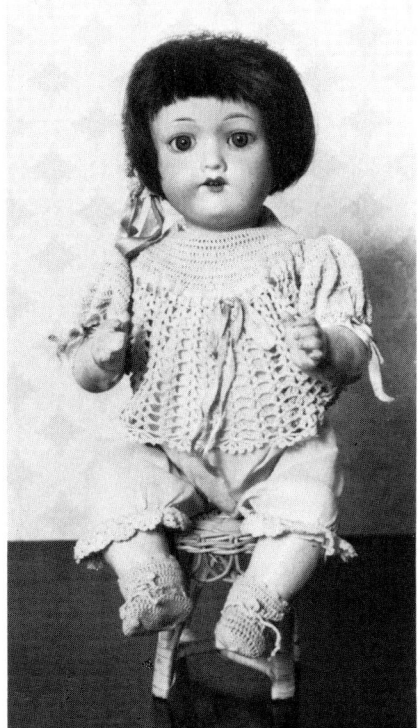

111   Armand Marseille, Deutschland, 1910.
Trachtenpuppe
Halsmarke: »A. M. // Germany«
Porzellankurbelkopf mit blauen Schlaf-
augen, offener Mund, braunes Mohair-
haar original.
Körper aus Composition mit Kugel-
gelenken, Originaltracht.
H 38 cm   1 200,–/1 800,–

F 15   Armand Marseille, Deutschland, Ende 19. Jh.
»Dream-Baby«
Marke: »AM Germany // # 341 · 2 K«
Kurbelkopf aus Biskuitporzellan mit
blauen Schlafaugen, geschlossener
Mund, gemalte Haare.
Babykörper aus Composition, Kleidung
original.
H 29 cm   1 000,–/2 000,–

F 16   Hertel, Schwab & Co, Deutsch-land, Anfang 20. Jh.
Charakterpuppe »Googly«, Marke:
»165-«
Kurbelkopf aus Biskuitporzellan mit
blauen, zur Seite blickenden Augen,
geschlossener Mund, braunes Mohair-
Haar,
H 45 cm   12 000,–/14 000,–

F 17   Kämmer & Reinhardt, Deutsch-land, Ende 19. Jh.
»Googly«
Marke: »K (Stern) R // # 131 //
Germany«
Kurbelkopf aus Biskuitporzellan von
Simon & Halbig mit blauen, zur Seite
schauenden Schlafaugen, geschlosse-
ner Mund, blondes Mohairhaar original.
Körper aus Composition, gerade Arme
mit gespreizten Händen, gerade Beine,
Kleidung original.
H 26 cm   6 000,–/10 000,–

F 15

F 16

F 17

F 18   »Rag doll« unbekannte Herkunft, o. J.
Kopf und Körper aus Stoff mit gemalten Augen, Mund, Ohren und Haaren. Kleidung alt.
H 70 cm   1 500,–/2 000,–

F 19   Emile Denamur, Frankreich, Ende 19. Jh.
Marke: »E-S-D«
Kurbelkopf aus Biskuitporzellan, feststehende blaue Paperweight-Augen, geschlossener Mund, durchstochene Ohren, blonde Echthaar-Locken. Holzgliederkörper mit Originalkleidung.
H 34 cm   5 000,–/6 000,–

F 20   Gebrüder Heubach, Deutschland, 1910
Kurbelkopf aus Biskuitporzellan, gemalte Intaglioaugen, geschlossener Mund mit gemalten Zähnen, Haare modelliert und gemalt mit blauer Schleife.
Körper aus Papiermaché, an der Hüfte klappbar, Arme mit Kugelgelenken, Beine gerade. Kleidung original.
H 33 cm   1 800,–/2 200,–

F 21   J. D. Kestner, Deutschland, ca. 1880.
Marke: »E«
Brustplattenkopf aus Biskuitporzellan mit geneigter Kopfhaltung, feststehende braune Augen, geschlossener Mund, blonde Echthaarlocken.
Lederkörper mit eingenähten Zwickeln an Knie, Ellbogen und Po. Originalkleidung, später eingefärbt.
H 33   2 800,–/3 800,–

F 18

F 20

F 19

F 21

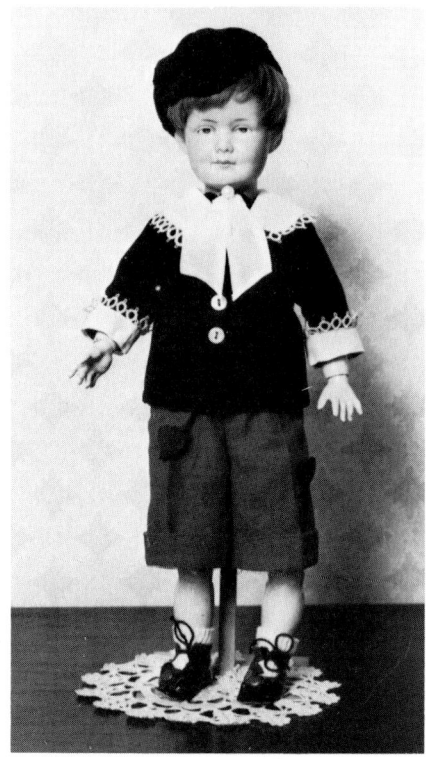

112

113

114

115

112   Armand Marseille, Deutschland, 1905-1910.
Sehr seltene Charakterpuppe
Kurbelkopf aus Biskuitporzellan,
gemalte Augen, geschlossener Mund,
kurzes blondes Echthaar original.
Körper aus Composition mit Kugel-
gelenken (Toddler), Originalkleidung.
H 38 cm   3000,–/4500,–

113   Armand Marseille, Deutschland, 1905.
Porzellankurbelkopf mit braunen Schlaf-
augen, offener Mund, durchstochene
Ohrläppchen, blondes Mohairhaar
original.
Körper aus Composition mit Kugel-
gelenken. Die Puppe ist vollkommen
»fabrikneu« mit Originalkleidung und im
Originalkarton.
H 40 cm   2000,–/3000,–

114   Armand Marseille, Deutschland, 1910.
Puppenstubenpuppe
Porzellankurbelkopf mit blauen Schlaf-
augen, offener Mund, schwarzes Echt-
haar original.
Körper aus Composition, gerade Arme
und Beine mit gemalten Schuhen und
Strümpfen. Häkelkleid aus der Zeit.
H 20 cm   600,–/800,–

115   M. J. Möchling, Aich (Böhmen), 1910.
Marke: »A. M. // Austria«
(Vgl. Kat.-Nr. 102)
Porzellankurbelkopf mit blauen Schlaf-
augen, offener Mund, blondes Mohair-
haar original.
Körper aus Composition, Kugelgelenke,
feste Hände, Kleidung alt.
H 48 cm   1200,–/2000,–

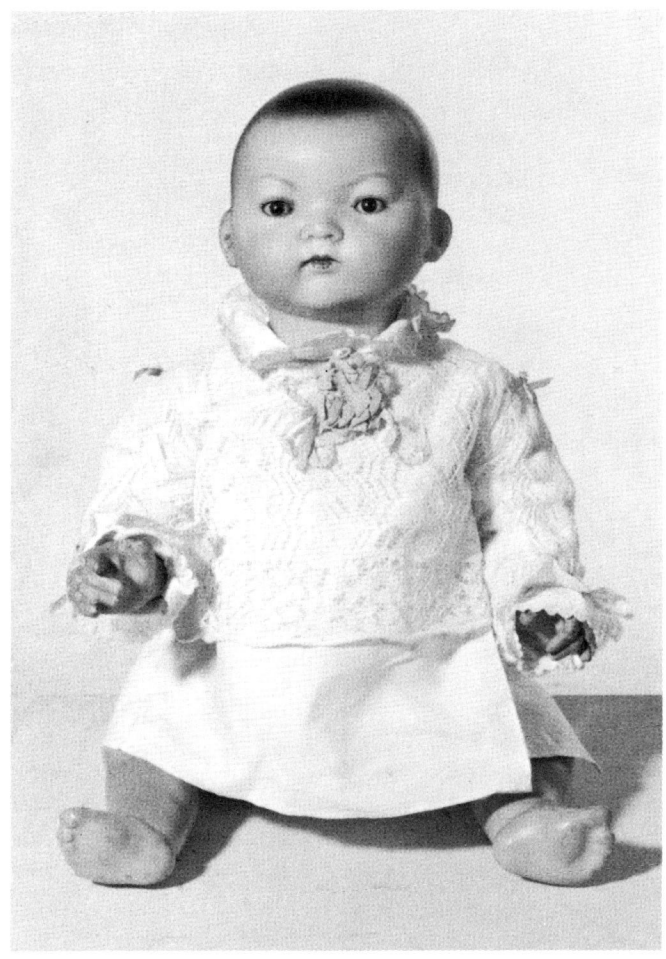

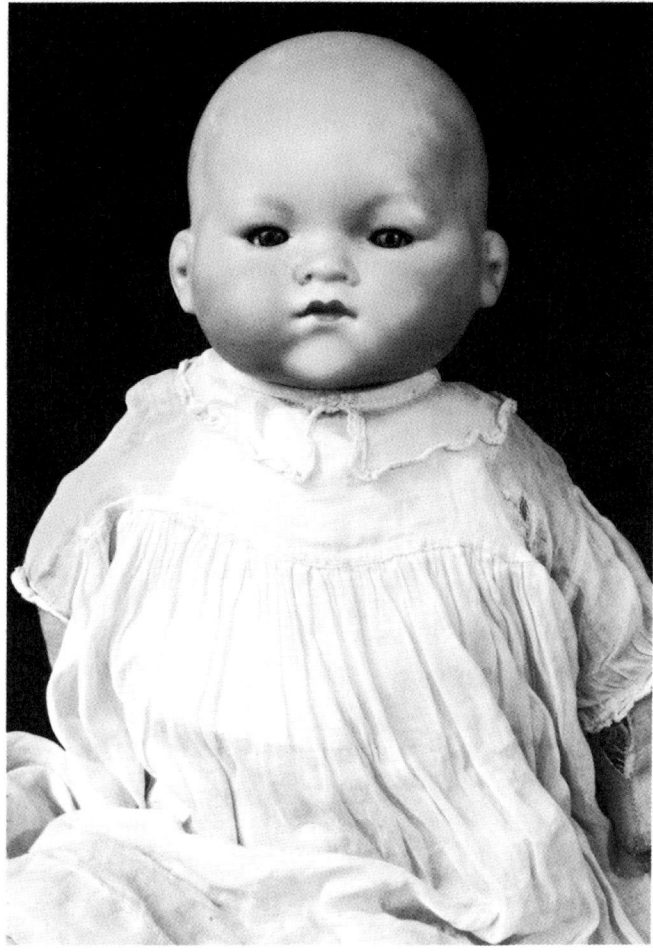

116 Armand Marseille, Deutschland, 1910.
Orientale (Modell »Dream-Baby«)
Halsmarke: »A. M. // Germany // 341«
Porzellankurbelkopf mit braunen Schlafaugen, geschlossener
Mund, Haare gemalt.
Babykörper aus gelber Composition mit Originalkleidung.
H 50 cm   **4000,–/6500,–**

117 Armand Marseille, Deutschland, um 1920.
»My Dream Baby«
Kopf aus Biskuitporzellan mit blauen Schlafaugen,
geschlossener Mund.
Ausgestopfter Stoffkörper, Hände (wohl Celluloid) fehlen,
modernes Babykleid.
H 60 cm   **1500,–/2500,–**

118   Armand Marseille, Deutschland, ca. 1920.
Halsmarke: »A. M. // 590«
Kopf aus Spritzguß mit Schlafaugen (»flirting eyes«), offener Mund, kurzes schwarzes Mohairhaar.
Körper aus Papiermaché, Arme und Beine gerade, Kleidung alt.
H 45 cm   1000,–/1500,–

119   Armand Marseille, Deutschland, ca. 1920.
Zwei Babypuppen
Halsmarke: »A. M. 341«
Köpfe aus Biskuitporzellan mit blauen bzw. braunen Augen, geschlossener Mund, Haare gemalt.
Stoffkörper mit Quäkstimme, Celluloid-Händchen, weiße bzw. blaue Strickwäsche.
H 28 cm   1500,–/2000,–

120   Armand Marseille, Deutschland, 1915.
Gehpuppe
Porzellankurbelkopf mit blauen Schlaf-
augen, offener Mund, schwarzes Echt-
haar original.
Körper aus Composition, Kugelgelenke,
gerade Beine, Kleidung original. Beim
Bewegen der Beine dreht sich der Kopf.
H 40 cm   **1500,–/2000,–**

121   Armand Marseille, Deutschland, 1920.
Kopf und Körper aus Composition, blaue
Schlafaugen, offener Mund, gemalte
Haare.
Babykörper mit Häkelbekleidung aus der
Zeit.
H 28 cm   **250,–/400,–**

120

122

121

123

122   Armand Marseille, Deutschland, 1925.
Kopf aus Composition mit blauen Schlaf-
augen, offener Mund, gemalte Haare.
Babykörper aus Stoff mit Häkelbe-
kleidung aus der Zeit.
H 30 cm   **120,–/300,–**

123   May Frères, Frankreich, 1895.
Halsmarke: »M // 15«
Kurbelkopf aus Biskuitporzellan mit sehr
schönem Gesicht, braune Schlafaugen,
schwarzes Echthaar original.
Gelenkkörper aus Holz mit Kleidung aus
der Zeit.
H 82 cm   **2500,–/3500,–**

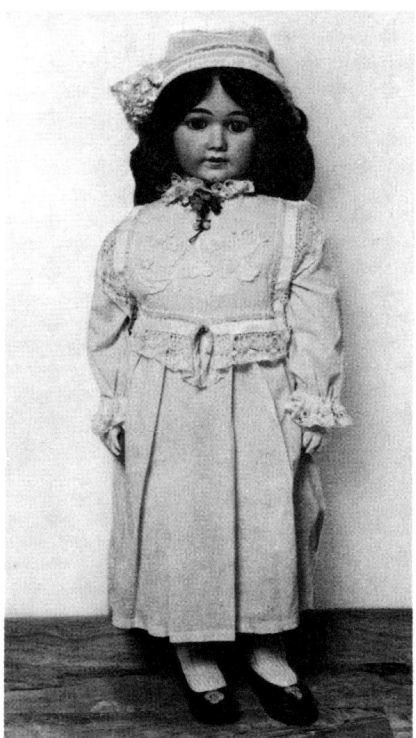

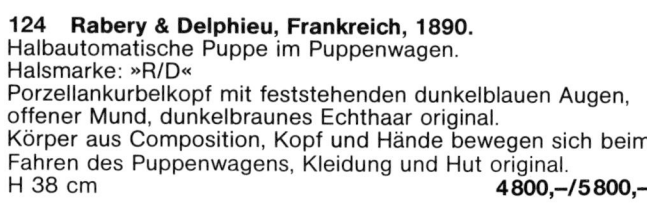

124 Rabery & Delphieu, Frankreich, 1890.
Halbautomatische Puppe im Puppenwagen.
Halsmarke: »R/D«
Porzellankurbelkopf mit feststehenden dunkelblauen Augen,
offener Mund, dunkelbraunes Echthaar original.
Körper aus Composition, Kopf und Hände bewegen sich beim
Fahren des Puppenwagens, Kleidung und Hut original.
H 38 cm   4800,–/5800,–

125 Rabery & Delphieu (?), Frankreich, 1890.
Halsmarke: »R 2/6 D«
Porzellankurbelkopf mit feststehenden braunen Augen,
geschlossener Mund, durchstochene Ohren mit Ohrringen,
blondes Echthaar neu.
Körper aus Composition und Holz mit Kugelgelenken, Kleider
und Lederschuhe original.
H 40 cm   5500,–/7500,–

126 Alexander Recknagel, Deutschland, 1907.
Trachtenpuppe
Halsmarke: »R/A Nᵒ 10 // Dep. 1907«
Porzellankurbelkopf mit braunen Schlafaugen, offener Mund, durchstochene Ohrläppchen, schwarzes Echthaar original.
Körper aus Composition und Holz, Kugelgelenke, Originaltracht.
H 30 cm   1 000,–/1 500,–

127 Alexander Recknagel, Deutschland, 1907.
Halsmarke: »R/A Nᵒ 14«
Porzellankurbelkopf mit feststehenden braunen Augen, offener Mund, durchstochene Ohrläppchen, braunes Echthaar original.
Körper aus Composition mit Kugelgelenken. Kleidung original.
H 38 cm   1 000,–/1 500,–

128 Otto Reinecke, Deutschland, 1910.
Charakterkopf
Brustplattenkopf aus Porzellan mit braunen Schlafaugen, offener Mund mit beweglicher Zunge, durchstochene Ohrläppchen, rotblondes Echthaar original.
H 20 cm   800,–/1 200,–

129 Mme Rohmer, Frankreich, ca. 1870.
»Parisienne«
Körpermarke: »Mme Rohmer. Breveté SGDG Paris« mit den zwei charakteristischen Rohmer-Löchern.
Kurbelkopf mit Schulterplatte aus Biskuitporzellan, strahlende blaue Glasaugen, geschlossener Mund.
Ziegenlederkörper mit Haarfüllung, hölzerne Ober- und Biskuitunterarme, Finger fehlen.
H 39 cm   5 000,–/7 000,–

130 Mme Rohmer, Frankreich, 1870/80.
Kurbelkopf auf Brustplatte mit gemalten blauen Augen, geschlossener Mund, durchstochene Ohrläppchen, langes blondes Echthaar.
Holzkörper mit Lederüberzug, Arme und Beine aus Porzellan, Holzgelenke, Kleidung original.
H 40 cm   7 500,–/10 000,–

126

127

128

129

130

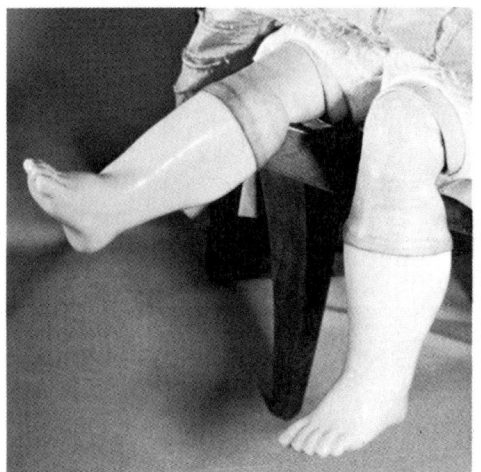

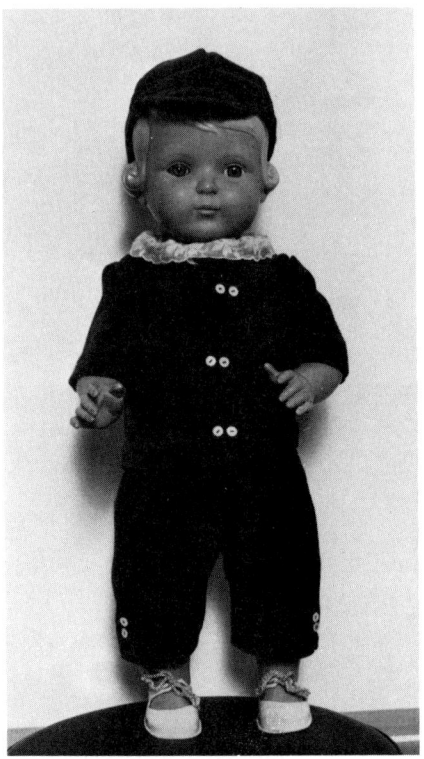

131

133

132

134

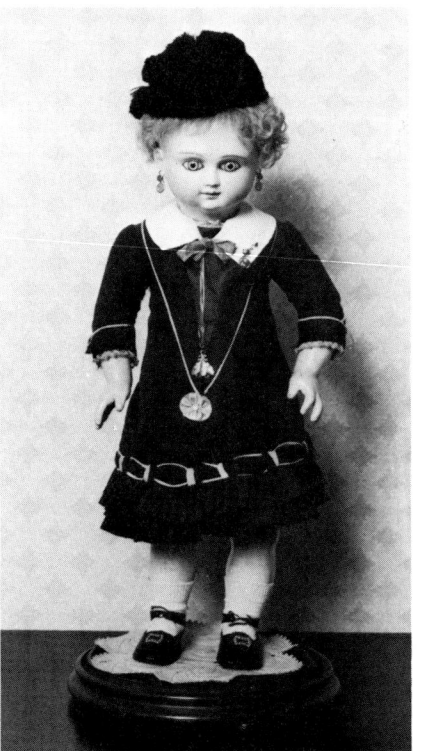

131   Schildkröt (Rheinische Gummi- & Celluloid-Fabrik), Deutschland, 1930.
»Inge«
Halsmarke: Schildkröt mit Raute
Kurbelkopf aus Celluloid, feststehende blaue Augen, geschlossener Mund, modellierte, hell gemalte Haare.
Körper aus Celluloid mit festen Armen und Beinen, Originalkostüm.
H 50 cm   350,–/600,–

132   Schildkröt (Rheinische Gummi- & Celluloid-Fabrik), Deutschland, ca. 1950
»Hans«, Halsmarke: Schildkröte in Raute, Kurbelkopf aus Celluloid mit feststehenden braunen Glasaugen, geschlossener Mund, modellierte, hell gemalte Haare, Stehkörper aus Celluloid mit beweglichen Armen und Beinen, Originalkostüm
                          850,–/1 000,–

133   Franz Schmidt & Co., Deutschland, ca. 1900.
Kopf aus Porzellan, braune Schlafaugen, offener Mund, schwarzes Echthaar original.
Körper aus Composition mit Kugelgelenken und festen Händen, alte, nicht sehr schöne Kleidung.
H 30 cm   900,–/1 200,–

134   Schmitt & Fils, Frankreich, ca. 1880.
Hals- und Körpermarke: »SCH« in Wappen
Kopf aus sehr hellem und zartem Porzellan, feststehende wasserblaue Augen mit dunklem Rand, geschlossener Mund, durchstochene Ohrläppchen, kurzes blondes Echthaar original.
Körper aus Composition mit Kugelgelenken und festen Händen, Originalkleidung mit Etikette »Magasins des Enfants // Paris // Passage de l'Opéra«.
H 60 cm   24 000,–/27 000,–

135 Franz Schmidt & Co., Deutschland, o. J.
Zwillingspuppen
Marke: »1295 // F. S. & Co.«
Kurbelkopf aus Biskuitporzellan, einmal braune, einmal blaue
Schlafaugen, Echthaarperücken.
Alte Matrosenkleider mit Mützen.
H 27 cm   jede **1 000,–/1 500,–**

136 Franz Schmidt & Co., Deutschland, 1912.
Halsmarke: »FS & Co.«
Kurbelkopf aus Porzellan, braune Schlafaugen, offener Mund mit
festen Zähnen und beweglicher Zunge. Abstehende Ohren,
durchstochene Nasenlöcher, gemalte Haare.
Körper aus Composition mit Babyarmen und -beinen, Original-
kleidung mit Haube.
H 30 cm   **1 800,–/2 100,–**

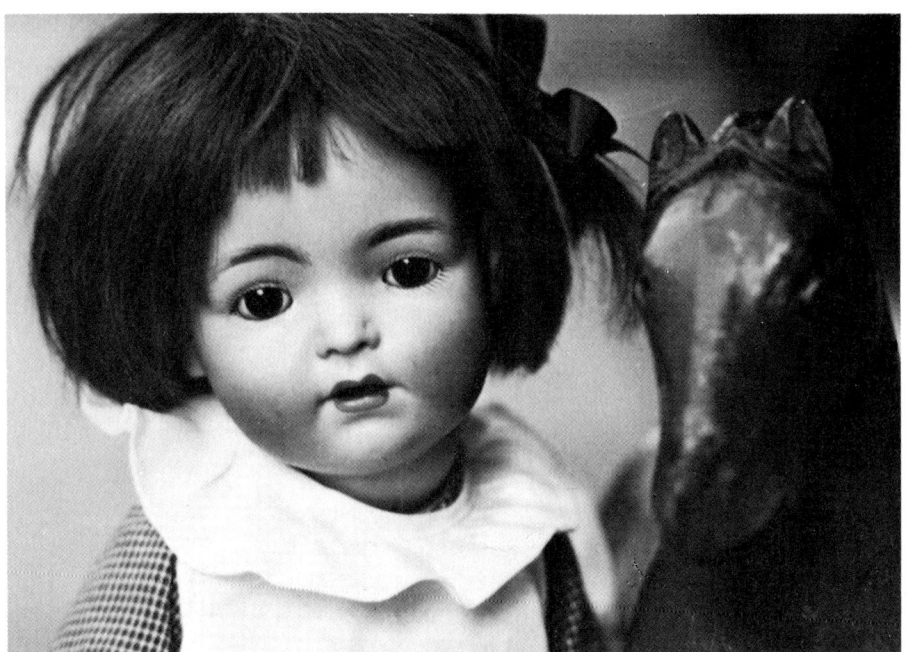

137 Franz Schmidt & Co., Deutschland, ca. 1900.
Marke: »FS & C⁰«
Kurbelkopf aus Biskuitporzellan, braune Schlafaugen, offener Mund, durchstochene Nasenlöcher, kurzes braunes Echthaar.
Körper aus Composition mit Kugelgelenken, neue Kleidung.
H 38 cm   1800,–/2200,–

138 Schmitt & Fils, Frankreich, um 1875.
Seltenes »Bébé Schmitt«
Marke auf Kopf und Körper.
Kurbelkopf aus hellem Biskuitporzellan, feststehende braune Paperweight-Glasaugen, geschlossener Mund (»bouche fermée«), durchstochene Ohrläppchen, originalblonde Perücke aus Mohair.
Dunkelblaues Originalkleid mit Tressen garniert.
H 36 cm   25000,–/28000,–

139   Links: Kämmer & Reinhardt, Deutschland, ca. 1890.
Biskuitkurbelkopf mit braunen Schlaf-
augen, offener Mund mit Zähnen, braune
Echthaarperücke.
Kugelgelenkkörper aus Papiermaché,
Originalkleid.
H 43 cm   2000,–/2500,–

Rechts: Schönau & Hofmeister, Deutschland, ca. 1900.
Marke: Stern mit Initialen »PB«
(= Porzellanfabrik Burggrub) ist
eingerahmt von Initialen »SH«.
Kurbelkopf aus Biskuitporzellan, braune
Schlafaugen, offener Mund mit Zähnen,
braunes Echthaar.
Körper aus Papiermaché mit Kugel-
gelenken. Kleidung original.
H 38 cm   1500,–/2000,–

140   Schönau & Hoffmeister, Deutschland, o. J.
Automatische Laufpuppe
Halsmarke: »S. H. 1079 // DEP //
Germany // 4 ½«
Kurbelkopf aus Biskuitporzellan, fest-
stehende blaue Augen, offener Mund,
durchlöcherte Ohrläppchen, braune
Echthaarperücke.
Fein detaillierter Gliederkörper, weißes
spitzengarniertes Bébékleidchen.
H 35 cm   2000,–/2800,–

Zieht man den Mechanismus auf, läuft
die Puppe, sobald sie den Boden berührt.

141   Schönau & Hoffmeister, Deutschland, ca. 1910.
Links: Deutscher Schulterkopf
unbekannter Herkunft auf Ziegenlederkörper, geschlossener Mund.
H 35 cm   2500,–/3500,–

Rechts: Porzellankurbelkopfpuppe von
Schönau & Hoffmeister, Marke: Stern mit
Initialen »PB« ist eingerahmt von Initialen
»SH«, darunter »Schönau & Hoff-
meister«.
H 35 cm   1000,–/1200,–

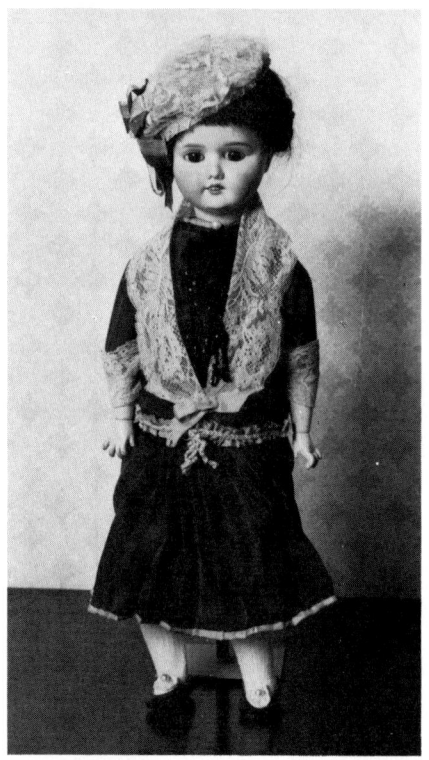

142

143

142   Schönau & Hoffmeister, Deutschland, 1910.
Halsmarke: »PB« in Stern
Kopf aus Porzellan mit braunen Schlaf-
augen, offener Mund, dunkles Echthaar.
Körper aus Composition mit Kugel-
gelenken, altes Kleid, aber neu auf-
geputzt.
H 50 cm   1 600,–/2 000,–

143   Schönau & Hoffmeister, Deutschland, ca. 1910.
Halsmarke: Stern mit Initialen »PB« ist
eingerahmt von Initialen »SH«
Kopf aus Porzellan mit blauen Schlaf-
augen, offener Mund, schwarzes neues
Echthaar.
Körper aus Composition mit Kugel-
gelenken, neue Kleidung.
H 60 cm   1 600,–/2 000,–

144

144   Simon & Halbig, Deutschland, um 1882.
Marke: »DEP 12«
Kurbelkopf aus feinem Biskuitporzellan,
feststehende hellblaue Glasaugen
(»Paperweight-Effekt«), geschlossener
Mund, durchstochene Ohrläppchen,
dunkelblonde Echthaarperücke.
H 70 cm   9 000,–/12 000,–

145   Simon & Halbig, Deutschland, ca. 1880.
Modepuppe
Halsmarke: »S & H«
Kurbelkopf mit Brustplatte aus Porzellan, feststehende hellblaue Augen, geschlossener Mund, durchstochene Ohrläppchen mit langen Ohrringen, sehr langes blondes Echthaar original.
Körper und Hände aus Leder mit extra genähten Fingern, Zwickel an Ellbogen, Knien und Po. Originaltracht, vermutlich ungarisch.
H 55 cm   7 500,–/9 000,–

146   Simon & Halbig, Deutschland, ca. 1890.
Parianpuppen
Kopf und Brustplatte aus Biskuit-
porzellan, feststehende braune Augen,
geschlossener Mund, durchstochene
Ohrläppchen mit Ohrringen, Haare
modelliert.
Körper aus Leder, Hände aus Porzellan,
Kleidung original.
H 60 cm   je **2 800,–/3 800,–**

147   Simon & Halbig, Deutschland, für Frankreich gemacht, vor 1900.
Marke: »S + C DEP«.
Kurbelkopf aus Biskuitporzellan, braune
Schlafaugen, offener Mund, durch-
stochene Ohrläppchen, neues blondes
lockiges Echthaar.
Körper aus Composition und Holz,
ungelenkig, neue Kleidung.
H 38 cm   **1 800,–/2 400,–**

148   Simon & Halbig, Deutschland, ca. 1890.
Automatenpuppe: Hebt die Brille und bewegt den Kopf.
Kurbelkopf aus Biskuitporzellan, blaue Schlafaugen, offener Mund mit Zähnen, neues Echthaar, rote Locken.
Körper besteht aus Drahtgestell mit Holzarmen und -beinen, Kleidung original.
H 30 cm   3500,–/5000,–
(Gesamt: H 38 cm)

149   Simon & Halbig, Deutschland, 1900.
Marke: »S & H // 11«
Kurbelkopf aus Porzellan, braune Schlafaugen, offener Mund, durchstochene Ohrläppchen, braunes Echthaar original.
Körper aus Composition mit Kugelgelenken, alter Matrosenmantel.
H 54 cm   3000,–/4000,–

148   149

150   Simon & Halbig, Deutschland, Anfang 20. Jh.
Halsmarke: »S & H 949«
Kurbelkopf aus Biskuitporzellan, blaue Glasaugen, geschlossener Mund, blondes Echthaar, Körper aus Composition mit Gliedergelenken.
H 50 cm   8500,–/9000,–

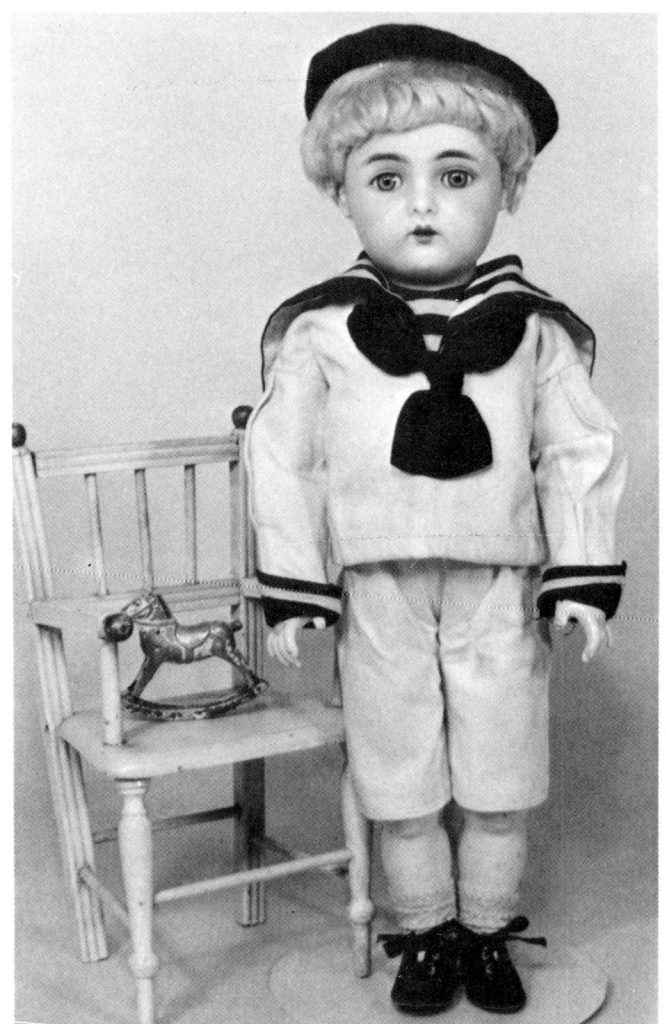

151 Simon & Halbig und Kämmer & Reinhardt, Deutschland, 1900.
Halsmarke: »Simon & Halbig // zwei versetzt aufeinandergelegte Dreiecke sind eingerahmt von den Initialen »K« und »R« // 46.
Kurbelkopf aus Biskuitporzellan, blaue Schlafaugen, offener Mund, durchstochene Ohrläppchen, blondes Mohairhaar original.
Gliederkörper aus Composition, originaler Matrosenanzug.
H 46 cm   1 500,–/2 400,–

152 Simon & Halbig, Deutschland, um 1895.
Automaten-Laufpuppe mit Fahrrad und Uhrwerk. Durch Aufziehen des Mechanismus geht die Puppe selbständig und schiebt das Fahrrad neben sich her.
Marke: »1079 // Halbig // S & H // Germany // 2«
Kurbelkopf aus Biskuitporzellan mit braunen Glasaugen, offener Mund mit Zähnen, Perücke aus Mohair.
Körper aus Pappe mit eingebautem Uhrwerk, Seidenbekleidung mit Schirmmütze und Lederschuhen.
H 30 cm   4 500,–/5 500,–

153   Simon & Halbig, Deutschland, um 1900.
Kleine Japanerin
Halsmarke: »S & H 1129 // dep 6 ½«
Kopf aus Biskuitporzellan mit braunen Schlafaugen, offener
Mund, Zähne sichtbar, durchstochene Ohrläppchen, schwarze
Wollperücke.
Gelb getönter Gelenkkörper, Kleidung neu.
H 36 cm   6 000,–/8 000,–

154   Simon & Halbig (?), Deutschland, 1900.
Halsmarke: »50.10 // Germany«
Kurbelkopf aus Porzellan mit blauen Schlafaugen, offener Mund,
durchstochene Ohrläppchen, sehr langes braunes Echthaar
original.
Körper aus Composition mit Kugelgelenken, neue Kleidung.
H 63 cm   1 800,–/2 200,–

155   Simon & Halbig, Deutschland, um 1910.
Marke: »DEP 9«
Kurbelkopf aus Biskuitporzellan, braune Schlafaugen mit Haar-
wimpern, offener Mund mit vier Zähnen. Durchlöcherte Ohr-
läppchen, Kinngrübchen, blonde Mohairperücke.
Gliederkörper aus Composition, schöne Kleidung.
H 56 cm   2 000,–/3 500,–

156   Simon & Halbig, Deutschland, um 1900.
Kopf wurde für Jumeau Paris angefertigt und mit Jumeau-
Körpern versehen.
Kurbelkopf aus Biskuitporzellan mit feststehenden blauen Glas-
augen (»Paperweight-Effekt«), geschlossener Mund, braune
Echthaarperücke.
Körper aus Composition mit Gelenken.
H 68 cm   9 000,–/12 000,–

F 22

F 23

F 24

F 22 Emile Jumeau, Frankreich, Anfang 20. Jh.
»Porträt Jumeau«
Kurbelkopf aus Biskuitporzellan, braune Glasaugen, durchstochene Ohrläppchen, geschlossener Mund, blondes Mohair-Haar, Gliederkörper aus Composition, Originalkleid.
H 60 cm   **17 000,–/20 000,–**

F 23 Belton, Frankreich, 2. Hälfte 19. Jh.
Biskuit-Vollkopf mit feststehenden Augen, geschlossener Mund, blondes Echthaar.
Gliederkörper aus Holz, Originalkleid.
H 38 cm   **3 000,–/5 000,–**

F 24 Drei Jumeau-Puppen
aus der Sammlung Adelina Ranccio-Brovarone.
Wert pro Puppe   **4 000,–/5 000,–**

157

158

159

160

157   Simon & Halbig, Deutschland, 1900.
Halsmarke: »S & H«
Kopf aus Porzellan, dunkelblaue Schlaf-
augen, offener Mund, durchstochene
Ohrläppchen, dunkles Echthaar original.
Körper aus Composition und Holz mit
Kugelgelenken, originale Kleidung.
H 30 cm   **1500,–/1900,–**

158   Simon & Halbig, Deutschland, um 1900.
Puppenstubenpuppe
Halsmarke: »S & H«
Kurbelkopf aus Porzellan, feststehende
braune Augen, offener Mund, durch-
stochene Ohrläppchen mit langen Ohr-
ringen, spärliches, original blondes Echt-
haar.
Körper aus Composition mit festen
Armen und Beinen, Kleidung mit Hut und
Schirm original.
H 20 cm   **600,–/1000,–**

159   Simon & Halbig, Deutschland, ca. 1905.
Halsmarke: »K (Stern) R // Simon &
Halbig // 117 n // Germany«
Kurbelkopf aus Porzellan, blaue Schlaf-
augen, offener Mund, Mohairperücke
original.
Gliederkörper aus Composition, Seiden-
samtkleid.
H 55 cm   **3800,–/4500,–**

160   Simon & Halbig, Deutschland, ca. 1910.
Halsmarke: »SIMON & HALBIG //
W. S. K.«
Kurbelkopf aus Porzellan, blaue Schlaf-
augen mit Federwimpern, Mohair-
perücke original.
Gliederkörper mit zehn Gelenken.
H 35 cm   **1800,–/2200,–**

161 Simon & Halbig, Deutschland, 1910, Orientale
Halsmarke: »S & H // 1329 // DEP«
Kurbelkopf aus Biskuitporzellan, braune Schlafaugen mit modellierten Augenbrauen, offener Mund mit vier kleinen Zähnen, durchstochene Ohrläppchen, schwarzes Mohairhaar original.
Körper aus Composition mit Kugelgelenken, neue Kleidung.
H 38 cm   5 000,–/7 000,–

162 Simon & Halbig, Deutschland, ca. 1905.
Halsmarke: »K (Stern) R // Simon & Halbig // 403 // Germany // 46«
Kurbelkopf aus Porzellan, blaue Schlafaugen, offener Mund, neue Echthaarperücke.
Gliederkörper aus Composition, altes Seidenkleid.
H 46 cm   1 800,–/2 200,–

163 Simon & Halbig, Deutschland, ca. 1905.
Marke: »Simon & Halbig // K (Stern) R«
Kurbelköpfe aus Porzellan, braune Schlafaugen, Echthaar.
H 60/55 cm   je 1 800,–/2 200,–

164

165

166

164   Simon & Halbig, Deutschland, ca. 1912.
Charakterpuppe »101«
Halsmarke: »K (Stern) R // Simon & Halbig // 101«
Kurbelkopf aus Porzellan, blaue Intaglioaugen, geschlossener
Mund, lockige Mohairperücke original.
Gliederkörper von Kämmer & Reinhardt aus Composition mit
zehn Gelenken.
H 35 cm   11000,–/15000,–

165   Simon & Halbig, Deutschland, ca. 1910
Charakterpuppe »115 A«
Halsmarke: »KR / S & H / 115 / A«
Kurbelkopf aus Biskuitporzellan, blaue Schlafaugen, geschlos-
sener Mund, rotblonde Perücke, Toddler-Körper aus Composi-
tion.
H 48 cm   9500,–/12000,–

166   Simon & Halbig, Deutschland, um 1914.
Kurbelkopf aus Biskuitporzellan, blaue Schlafaugen aus Glas mit
fein bemalten Wimpern und Brauen, offener Mund mit Zähnen,
Mohairperücke.
Rotes Taftkleid mit Spitzen.
H 56 cm   2000,–/3000,–

**167   Société Française de Fabrication de Bébés et Jouets,
Frankreich, ca. 1910.**
Charakterpuppe
Halsmarke: »SFBJ // 236 // Paris«
Kurbelkopf aus Porzellan, blaue offene Schlafaugen, offen-
geschlossener Mund mit modellierten Zähnchen,
Mohairperücke original.
Gliederkörper aus Composition mit zehn Gelenken, Kleidung
original.
H 40 cm   3500,–/5500,–

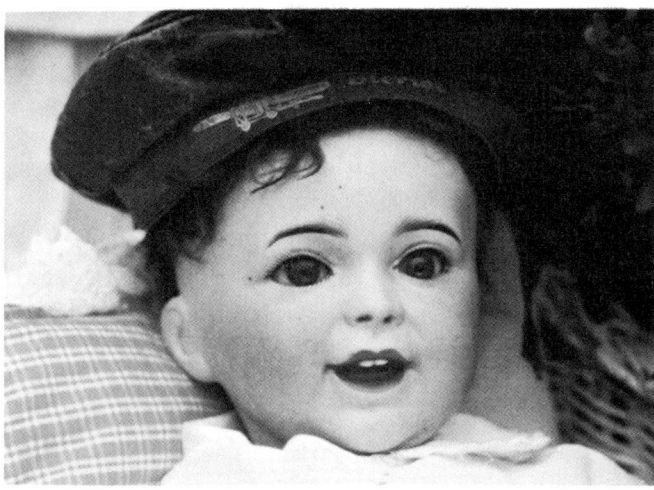

167

168

168 Société Française de Fabrication de Bébés et Jouets, Frankreich, ca. 1900.
Halsmarke: »236 // Paris«
Kurbelkopf aus Biskuitporzellan, feststehende braune Augen, offen-geschlossener Mund mit modellierten Zähnen, Mohairhaar original.
Körper aus Composition mit festen Gelenken, Kleidung original.
H 42 cm   3 500,–/5 500,–

169 Société Française de Fabrication de Bébés et Jouets, Frankreich, 1900.
Gehpuppe, mit Schleife: »ich laufe und gebe Küßchen«
Kurbelkopf aus Porzellan mit blauen Schlafaugen, offener Mund, rotes Mohairhaar original.
Körper aus Composition und Holz mit Kugelgelenken und geraden Beinen, Kleidung original.
H 56 cm   2 000,–/3 000,–

169

170

171

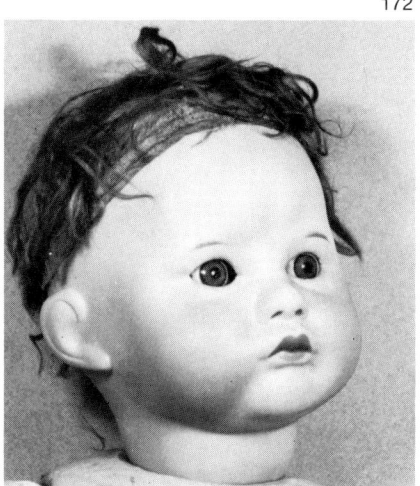

172

170   Société Française de Fabrication de Bébés et Jouets, Frankreich, 1900.
Kurbelkopf aus Porzellan von Jumeau, feststehende blaue Augen, offener Mund, original schwarzes Mohairhaar. Körper aus Composition und Holz mit Kugelgelenken, typische Hände für SFBJ, Kleidung original.
H 85 cm   3800,–/4800,–

171   Société Française de Fabrication des Bébés et Jouets, Frankreich, 1900.
Halsmarke: »SFBJ // 5 // PARIS«. Kurbelkopf aus Porzellan, feststehende blaue Augen, offener Mund, durchstochene Ohrläppchen, braunes Echthaar. Körper aus Composition und Holz mit Kugelgelenken, Kleidung original.
H 37 cm   1500,–/1800,–

172   Société Française de Fabrication de Bébés et Jouets, Frankreich, ca. 1914.
Marke: »SFBJ 252«
Kopf aus Biskuitporzellan, pausbäckig und mit geschlossenem Schmoll-mündchen, blaue Schlafaugen, Rest-haare der originalen blonden Perücke. Körper aus Composition, Arme und Beine gekrümmt, Füße modelliert mit ausgeformter großer Zehe.
H 63,5 cm   13000,–/16000,–

173   Société Française de Fabrication de Bébés et Jouets, Frankreich, 1905.
Halsmarke: »SFBJ // 7 // PARIS«
Körpermarke: »Jumeau«
Kurbelkopf aus Porzellan, blaue Schlafaugen, offener Mund, original schwarzes Echthaar.
Körper aus Composition und Holz mit Kugelgelenken, neue Kleidung aus alten Stoffen.
H 44 cm   **2 400,–/3 900,–**

174   Société Française de Fabrication de Bébés et Jouets, Frankreich, 1900.
Halsmarke: »FRANCE // SFBJ // PARIS // TETE JUMEAU«
Kopf von Jumeau, feststehende himmelblaue Augen, offener Mund, durchstochene Ohrläppchen, braunes Echthaar original.
Körper aus Composition und Holz mit Kugelgelenken, neue Kleidung mit altem Hut.
H 55 cm   **2 400,–/3 900,–**

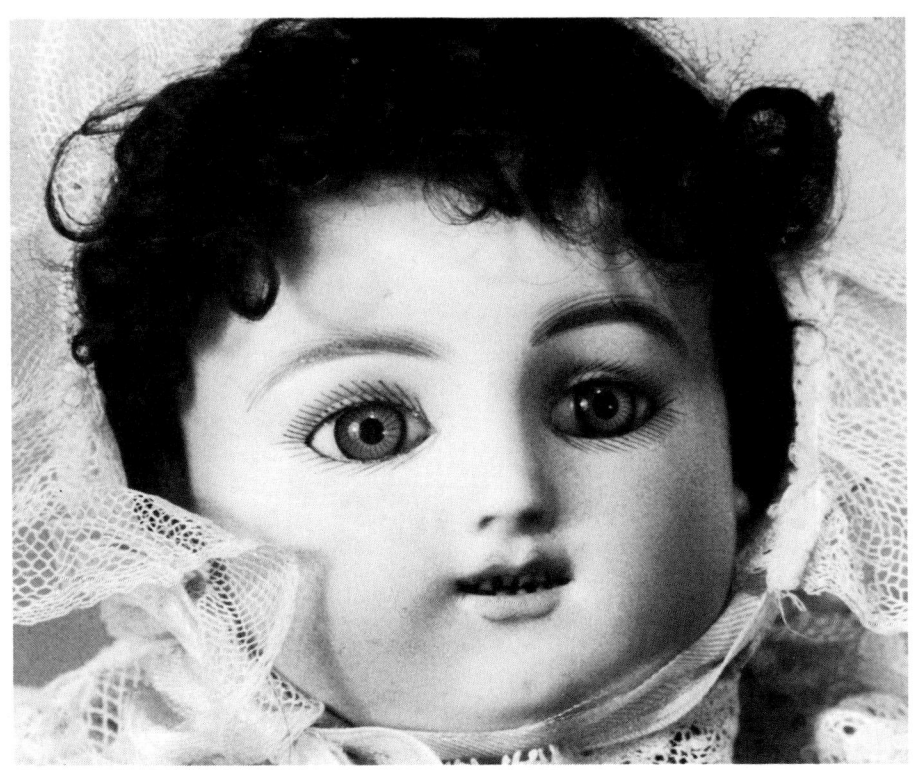

175

175 Jules Nicholas Steiner, Frankreich, um 1878.
Mechanische Puppe: durch Aufziehen des Mechanismus bewegen sich Arme, Beine und der Kopf, die Puppe gibt Laute von sich.
Marke auf Mechanismus: »J. STEINER«
Feststehende blaue Augen, offener Mund mit Zähnen oben.
H 46 cm   9000,–/12000,–

176 Jules Nicholas Steiner, Frankreich, ca. 1880.
Halsmarke: »J. Steiner, STE. S. G. D. G. // Paris // FIRE A 17«
Kopf aus sehr hellem Porzellan, feststehende graublaue Augen, geschlossener Mund, durchstochene Ohrläppchen, neues blondes lockiges Echthaar.
Körper aus Composition mit Kugelgelenken und festen Händen, Kleidung original mit signierten Schuhen.
H 63 cm   8000,–/12000,–

176a

176

**177 Holzpuppe, Deutschland,
ca. 1830.**
Kopf mit Brustplatte aus Holz, gemalte
Augen, geschlossener Mund,
geschnitzte und bemalte Haare.
Körper ebenfalls aus Holz mit Knie-, Ell-
bogen- und Hüftgelenken, Kleidung
original.
H 65 cm   1800,–/2000,–

178

177

179

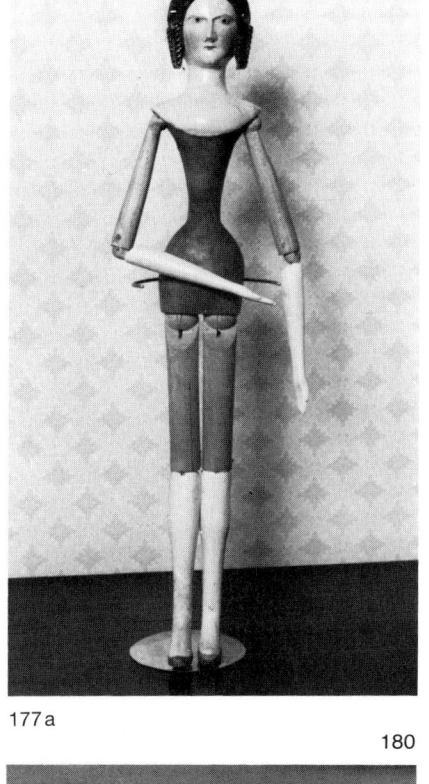

177a

180

**178 Jules Nicholas Steiner, Frank-
reich, ca. 1880**
Halsmarke: »J. Steiner, Ste.S.G.D.G. /
Paris«
Kopf aus Biskuitporzellan, blaue
Glasaugen, geschlossener Mund,
durchstochene Ohrläppchen, rotes,
lockiges Echthaar, Körper aus Compo-
sition mit Originalkleidung.
H 50 cm   9000,–/12000,–

**179 Fatschenkind, süddeutsch,
ca. 1780.**
Kopf und Körper aus Holz geschnitzt, die
Haube ist in Stoff gewickelt. Die Wiege
stammt aus Wien, 1830.
H 33 cm   1800,–/2000,–

**180 Sonneberger Puppe, Deutsch-
land, ca. 1830.**
Kopf mit Brustplatte aus Papiermaché,
feststehende braune Glasaugen, offener
Mund mit vier Zähnen (»Bamboo-teeth«
wegen der vier eingesetzten Bambus-
zähne genannt). Gemalte Haare mit
zusätzlicher dunkler Echthaarperücke.
Körper aus Leder genäht mit Zwickel an
Ellbogen, Knie und Po, Kleidung original.
H 43 cm   2800,–/3500,–

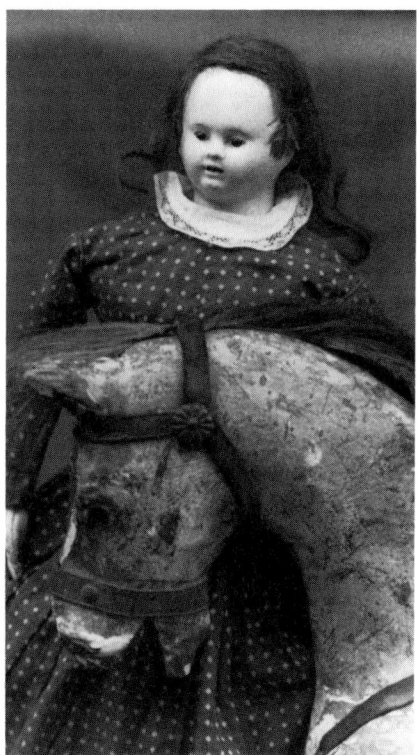

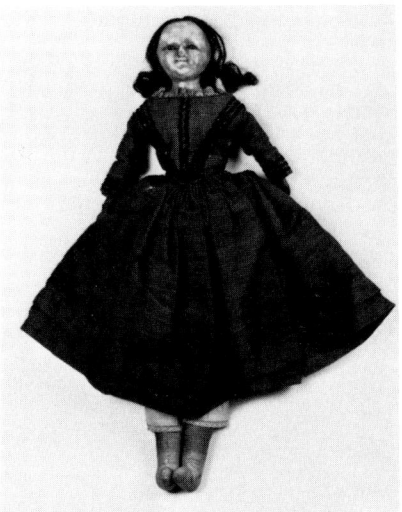

181

181   Ungemarkte, vermutlich englische Puppe, ca. 1840.
Kopf aus Composition mit Wachsüberzug, dunkelbraune Glasaugen ohne Iris, Mund lächelnd geöffnet mit sichtbaren Zähnen, dunkle lockige Haare in einem Mittelschlitz am Kopf eingesetzt.
Mit Sägespänen gefüllter Stoffkörper, rosa Ziegenlederarem, braunes abgetragenes Kleidchen original.
H 51 cm   1 500,–/2 200,–

Früher glaubte man, daß diese Puppen aus Deutschland kämen, aber augenscheinlich wurden viele in englischen Manufakturen hergestellt. In England sind sie zahlreich zu finden, in Deutschland hingegen nur gelegentlich.

182   Sonneberger (?) Puppe, ca. 1845.
Schulterkopf aus Papiermaché, feststehende dunkelblaue Glasaugen ohne Iris, geöffneter Mund mit eingesetzten Bambuszähnen, locker geflochtene Perücke.
Ausgestopfter Stoffkörper, Unterarme aus Composition, Beine vielleicht alte Ergänzungen, violett/weiß/rotgestreiftes Gewand, schwarze abgetragene Lederschuhe.
182 H 51 cm   2 500,–/3 000,–

183

184

183   Grödnertal-Holzpuppe, ca. 1835
Kopf mit gemalten Gesichtszügen und
Augen, modellierte und gemalte Frisur
mit Knoten und Kamm. Holzkörper in
den Gliedmaßen beweglich, gemalte
Schuhe.
H 45 cm   **3 000,–/5 000,–**

**184   Grödnertal-Holzpuppen, ca.
1835**
Stubenpuppen mit gemalten Gesichtszügen, modellierte und gemalte Haare,
Holzkörper in den Gliedmaßen beweglich.
H 10 cm   je **400,–/650,–**

**185   Alpenländische »Docken«,
ca. 1820-1870.**
Kopf und Körper aus Holz, Augen, Mund
und Haare sind gemalt.
Mit solchen Puppen spielten die Kinder
schon im 15. Jh.
H 21-30 cm   je **900,–/1 500,–**   185

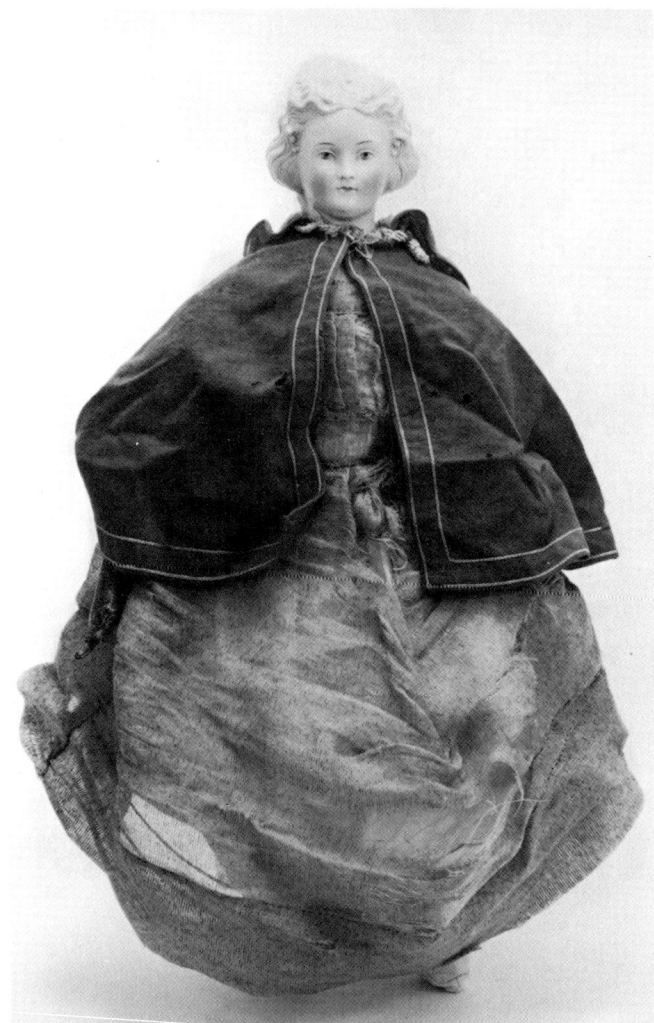

186

187

188

186 Deutsche Puppe, ca. 1865.
Kopf aus fein getöntem Biskuitporzellan, gemalte blaue Augen, geschlossener Mund, Haare modelliert und gemalt.
Stoffkörper mit roten Lederarmen, Kleid und Cape original aber ziemlich abgetragen, Unterwäsche original.
H 61 cm   1500,–/2000,–

187 Deutsche Puppe, 1860-1870.
Kopf mit Brustplatte aus Papiermaché mit Wachsüberzug, feststehende blaue Augen, geschlossener Mund, schwarzes Echthaar, in kleinen Büscheln in den Kopf gesetzt.
Körper aus Stoff, Arme und Beine aus Papiermaché mit Wachsüberzug, Kleidung original.
H 50 cm   2000,–/2800,–

188 Puppe aus einer deutschen Porzellanfabrik, 1870.
Kopf und Brustplatte aus glasiertem Porzellan (»China Head«), blau gemalte Augen mit rotem Lidstrich, geschlossener Mund, modellierte und gemalte Haare.
Körper aus Leder, neues weißes Kleid.
H 43 cm   1900,–/2300,–

189 »**Modepuppe**«, **Deutschland, ca. 1870.**
Kopf aus Parian-Porzellan mit Brustplatte, gemalte blaue Augen,
geschlossener Mund, durchstochene Ohrläppchen, modellierte
und gemalte Haare.
Körper aus Stoff mit Armen und Händen aus Parian, altes Mieder.
H 43 cm   **2000,–/2500,–**

190   Parianpuppe, Deutschland, um 1870.
Brustkopf aus Biskuitporzellan mit seitwärts geneigtem Gesicht,
feststehende braune Augen, geschlossener Mund, durch-
stochene Ohrläppchen mit Ohrringen, modellierte Haare.
Unterarme aus Biskuitporzellan, Taftkleid mit Spitzen, bemalte
Schuhe.
H 44 cm   **2800,–/3800,–**

191

192

193

194

191 »Wahrsagerpuppe« (Fata Morsan), Deutschland, ca. 1870.
Kopf aus glasiertem Porzellan (China), gemalte blaue Augen, geschlossener Mund, modellierte und gemalte Haare. Körper aus Holz, Kleidung original.
H 25 cm   2500,–/3500,–

192 Deutsche Puppe, 1880.
Kopf aus Biskuitporzellan mit Brustplatte, gemalte Augen, geschlossener Mund, modellierte gemalte Haare. Körper aus Stoff mit Porzellanhänden und -füßen, Kleidung original.
H 15 cm   **250,–/350,–**

193 Deutsche Puppe, um 1880.
Schulterkopf aus Biskuitporzellan, gemalte blaue Augen, geschlossener Mund, modellierte und gemalte Haare. Körper aus Stoff mit Armen und Beinen aus Composition, keine Gelenke, Originaltracht ist auf den Körper genäht.
H 27 cm   **800,–/1000,–**

194 Deutsche Puppe, ca. 1880-1890.
Mit angenähtem Baby aus Chinaporzellan.
Pariankopf mit Brustplatte, gemalte blaue Augen, geschlossener Mund, modellierte und gemalte Haare. Körper aus Stoff mit Porzellanhänden, Kleidung original.
H 30 cm   **1200,–/1600,–**

195   Cuno & Otto Dressel, Deutschland, ca. 1880.
Marke: »AC & O DRESSEL«
Schulterkopf aus Composition mit makellosem Lack und Glasaugen. Torso auf Stoff, aber Unterkörper von der Taille abwärts besteht aus einem Compositions-Gelenkkörper. Compositions-Gelenkarme mit feststehenden Handgelenken, beiges wollenes Badekostüm und Badehäubchen original.
H 48 cm   1 800,–/2 500,–

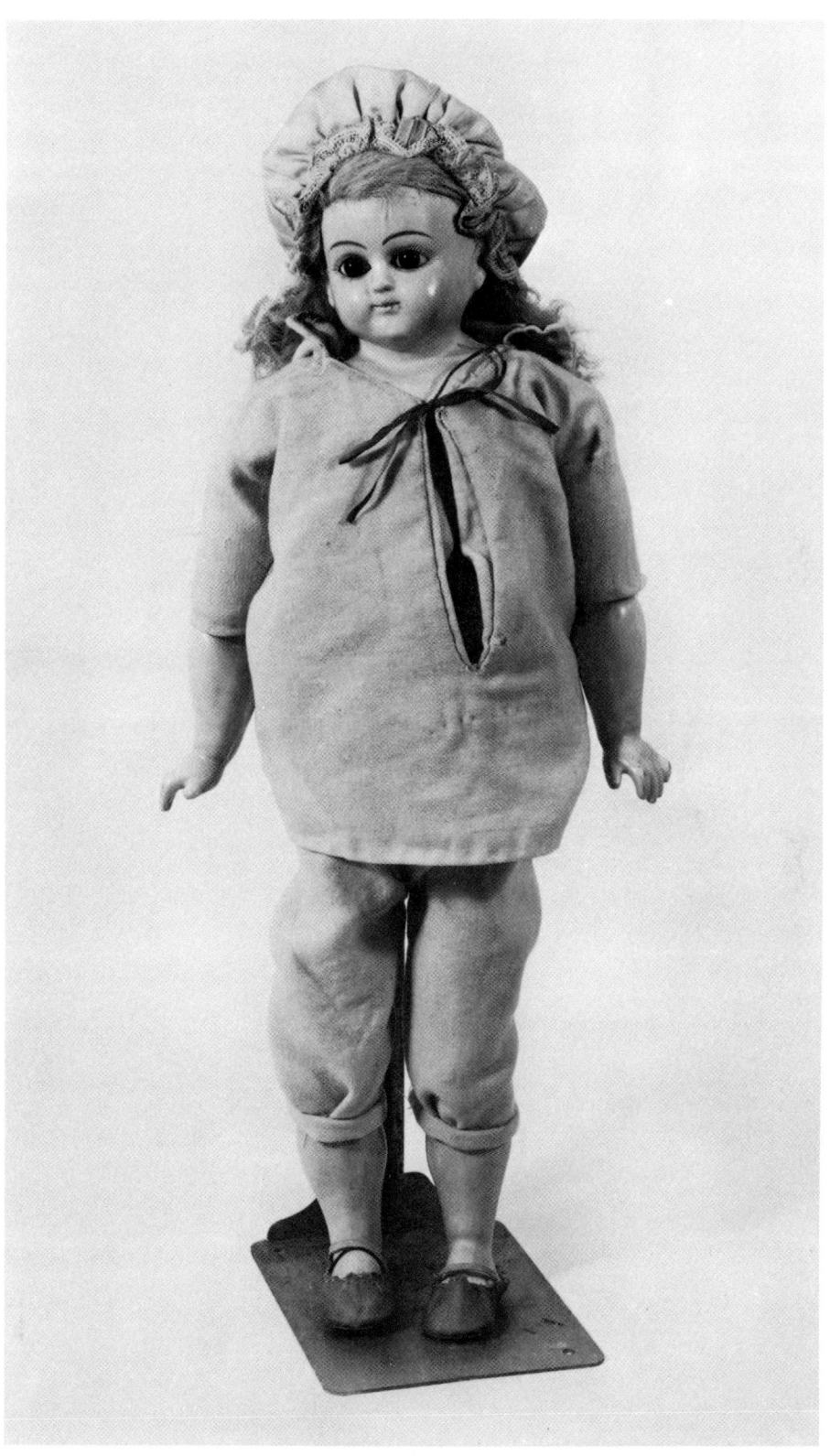

196 Deutsche Puppe, ca. 1885.
Nach rechts geneigter Schulterkopf aus Biskuitporzellan. Fest-
stehende braune Augen, geschlossener Mund, dunkelbraune
Echthaarperücke.
Originalkörper von bester deutscher Qualität, wie sie von Simon
& Halbig hergestellt wurde, Unterarme aus Biskuitporzellan.
Trotz des Abendkleides im Erwachsenenstil handelt es sich um
eine Kinderpuppe, die als Konkurrenz zu den »Bébés« von Bru
in Deutschland produziert worden war.
H 46 cm   3 800,–/4 800,–

197 Holzpuppe unbekannter Herkunft, ca. 1890.
Kopf und Körper aus Holz und gefaßt. Feststehende Glasaugen,
geschlossener Mund, schwarzes langes Echthaar original,
Kugelgelenke, Kleidung original.
H 50 cm   1 800,–/2 200,–

**198 Puppe unbekannter Herkunft,
ca. 1880.**
Kopf aus Composition, blaue fest-
stehende Glasaugen, geschlossener
Mund, abgetragene originale blonde
Mohairperücke.
Ausgestopfter Körper mit Compositions-
Unterkörper und realistisch modellierten
Beinen mit Zehen (sonst sind meist
anmodellierte Schuhe die Regel).
Originales handgestricktes Tauf-
kleidchen und Häubchen mit Fältchen
und Rüschen.
H 61 cm   **2200,–/2800,–**

199

200

199   Deutsche Puppe, ca. 1875.
Kopf aus Composition mit feststehenden blauen Glasaugen, geschlossener Mund, blonde Mohairperücke original. Körper nicht original, Riß an der Schulter, jedoch Arme und weißes Baumwollkleidchen original.
H 58 cm   **1 000,–/1 500,–**

200   Deutsche Puppe, um 1910.
Marke: »DEP«
Kurbelkopf aus Biskuitporzellan mit blauen Schlafaugen, offener Mund mit vier Zähnen oben, Echthaarperücke.
Türkisblaues Taftkleid.
H 60 cm   **2 000,–/2 800,–**

F 25   Käthe Kruse, Deutschland.
»Deutsches Kind«
Drehbarer Kopf aus bemaltem Leinen, blondes, geknüpftes Echthaar.
Körper aus festem Stoff mit extra angenähten Daumen, roter Mantel original.
H 52 cm   **1 500,–/2 200,–**

»Schlenkerle« (drei Buben)
Köpfe aus bemaltem Leinen, Haare gemalt, Körper aus festem Stoff, Strickanzüge original.
H je 35 cm   je **10 000,–/13 000,–**

F 26   Käthe Kruse, Deutschland.
Köpfe aus bemaltem Leinen, geknüpftes Echthaar bzw. gemalte Haare.
Körper aus festem Stoff mit Originalkleidung.
H. 43–52 cm   je **1 500,–/3 800,–**

F 27   Jules Nicholas Steiner, Frankreich, 1870.
Kurbelkopf aus Biskuitporzellan, feststehende blaue Augen (»Paperweight«), geschlossener Mund, durchstochene Ohrläppchen, schwarzes Echthaar auf originaler Sheepskin-Perücke.
Körper aus fester Pappmaché mit festen Händen, Ellbogen- und Kniegelenken, Kleidung original.
H 56 cm   **10 000,–/13 000,–**

F 28   Jules Nicholas Steiner, Frankreich, 1880.
Marke: »STEINER//PARIS//IAG«.
Kurbelkopf aus Biskuitporzellan mit feststehenden hellblauen Augen (»Paperweight«), geschlossener Mund, Ohrläppchen durchstochen, dunkles kurzes Mohairhaar.
Körper aus Composition mit Ellbogengelenken und geraden Beinen, Kleidung
H 42 cm   **9 000,–/11 000,–**

F 25

F 26

F 27

F 28

201

202

203

201   Deutsche Puppenstubenpuppen, um 1900.
Kopf und Körper aus Porzellan, feststehende Glasaugen,
geschlossener Mund, Mohairhaar, Kleidung original.
H 8-12 cm   250,–/650,–

**202   Puppe aus einer thüringischen Porzellanfabrik,
1880-1910.**
»Frozen Charlotte« genannt, als Badepuppen verwendet.
Kopf und Körper aus chinesischem Porzellan, gemalte Augen,
Ohren und Haare, starre Gelenke.
H 2,5-40 cm   150,–/2 000,–

203   Deutsche Puppe, um 1900
Kurbelkopf aus Biskuitporzellan, braune Glasaugen, geschlos-
sener Mund, braune Mohairperücke, Körper aus Composition.
H 50 cm   3 500,–/4 500,–

204

204a

205

206

204 Deutsche Puppe, 1890.
Kopf aus Porzellan mit feststehenden braunen Augen, geschlossener Mund, durchstochene Ohrläppchen, original blondes Echthaar.
Körper aus Composition mit Kugelgelenken, feste Hände, außer Schuhen Kleidung original.
H 51 cm   6000,–/7800,–

205 »Frozen Charlotte«, Deutschland, ca. 1900.
Kopf und Körper aus glasiertem Porzellan (China), gemalte blaue Augen, gemalter Mund. Haare modelliert und gemalt, Gelenke steif.
H 32 cm   500,–/1000,–

206 Deutsche Puppe, ca. 1900.
Halsmarke: »3«
Kurbelkopf aus Porzellan mit blauen Schlafaugen, offener Mund, braunes Echthaar.
Körper aus Composition mit geraden Armen und Beinen, neue Kleidung.
H 38 cm   700,–/900,–

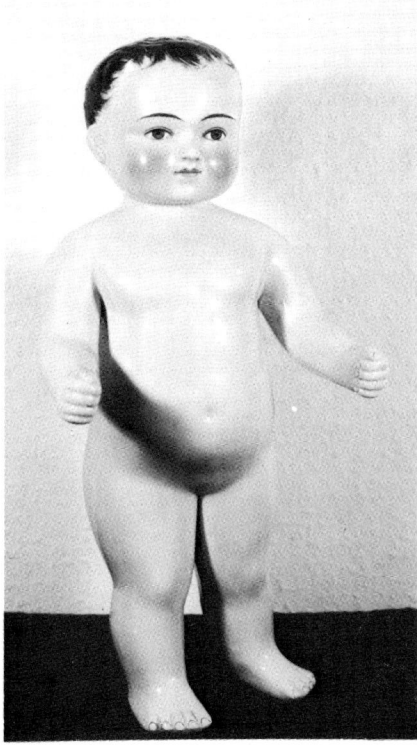

207

208

209

207   Deutsche Puppenstubenpuppen, 1890.
Kopf und Körper aus Porzellan, feststehende braune Glasaugen, geschlossener Mund. Braunes Echthaar original, Kleidung original.
H 8 cm   je **300,–/600,–**

208   Deutsche Puppenstubenpuppen, 1890-1900.
Kopf aus Porzellan, feste Glasaugen (Mitte) bzw. gemalte Augen, geschlossener Mund, modelliertes Haar (rechts) bzw. Echthaar. Körper aus Biskuitporzellan mit festen Gelenken, Kleidung original.
H 9-12 cm   je **150,–/400,–**

209   Halbautomat, wohl Deutschland, um 1900.
Mit zwei Musikanten auf fahrbarem Sockel. Durch Schieben des Wagens bewegen sich beide Figuren und schlagen die Instrumente.
Köpfe aus Biskuitporzellan mit Glasaugen, Mohairperücke, Kleidung original.
L 25 cm   **2500,–/3800,–**

210

211

210 Deutsche Puppe, 1911.
Halsmarke: »478/14«
Kurbelkopf aus Porzellan mit braunen Schlafaugen, offener
Mund, durchstochene Ohrläppchen, braunes Echthaar original.
Körper aus Composition mit Kugelgelenken, neue Kleidung.
H 70 cm   **1 200,–/1 800,–**

211 Links: Puppe aus Frankreich, o. J.
Marke: »PETITE FRANCAISE VERLINGUER 10 D LIANE«
Kurbelkopf aus Biskuitporzellan, Schlafaugen.
Körper aus Composition.
H 65 cm   **1 650,–/2 200,–**

Rechts: Puppe aus Deutschland, o. J.
Kopf und Körper aus Biskuitporzellan mit braunen Schlafaugen,
offener Mund mit Zähnen, braune Echthaarperücke.
H 52 cm   **1 200,–/1 800,–**

Unten: Puppe aus Deutschland, o. J.
Brustkopf aus Biskuitporzellan mit feststehenden blauen Glas-
augen, offener Mund mit zwei Zähnen oben, Mohairperücke.
H 33 cm   **1 100,–/1 400,–**

212   Modepuppe, Frankreich, 1870.
Kurbelkopf mit Brustplatte aus Porzellan, feststehende blaue Augen, geschlossener Mund, durchstochene Ohrläppchen, braunes Echthaar original.
Körper und Hände aus Leder mit Zwickel, blaues Seidenkleid original.
H 38 cm   3000,–/5500,–

213   Modepuppe unbekannter Herkunft, 1870.
Kopf aus Porzellan mit feststehenden blauen Glasaugen, geschlossener Mund, durchstochene Ohrläppchen, blondes langes Echthaar original.
Körper aus Leder mit Lederhänden, Kleidung original, Tasche und Hut alt.
H 62 cm   3500,–/5500,–

214

215

214   Puppenstubenpuppen, Frankreich, 1880.
Mutter mit vier Töchtern.
Kopf aus Biskuitporzellan mit Brustplatte, Augen teils aus Glas
teils gemalt, geschlossener Mund, Mohairhaar original.
Körper aus Stoff, Kleidung original.
H 6-10 cm   zus. **2 000,–/2 500,–**

215   Puppenstubenpuppen, Frankreich, o. J.
Lehrerin mit acht Schülerinnen.
Kopf und Körper aus Porzellan, Kleidung original.
H 9-14 cm   zus. **4 500,–/5 500,–**

216   »Marottes«, Frankreich (?), ca. 1890.
Kurbelkopf aus Porzellan mit feststehenden Glasaugen, Mohair-
haar original.
Körper aus Pappe mit Holzstiel, Kleidung original, intaktes
Spielwerk.
H 33 cm   **1 000,–/2 500,–**

217   Unis France, Frankreich, 1890.
Halsmarke: »DEP«
Kopf aus Porzellan mit grauen Schlaf-
augen, offener Mund, durchstochene
Ohrläppchen, neues braunes Echthaar.
Körper aus Composition mit Kugel-
gelenken, neue Kleidung.
H 51 cm   1800,–/3500,–

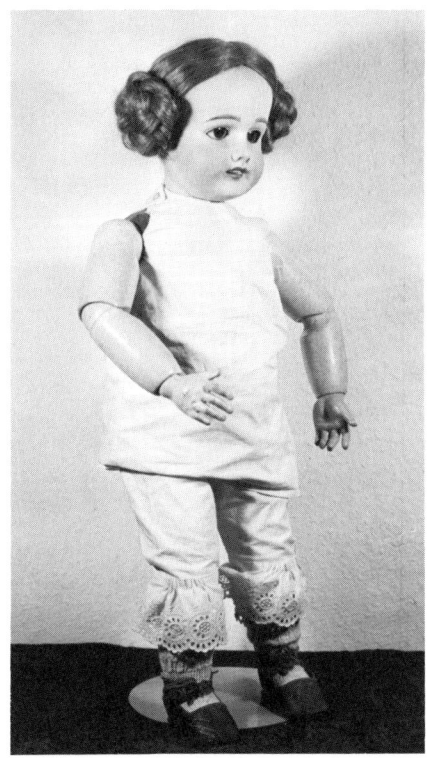

218

218a

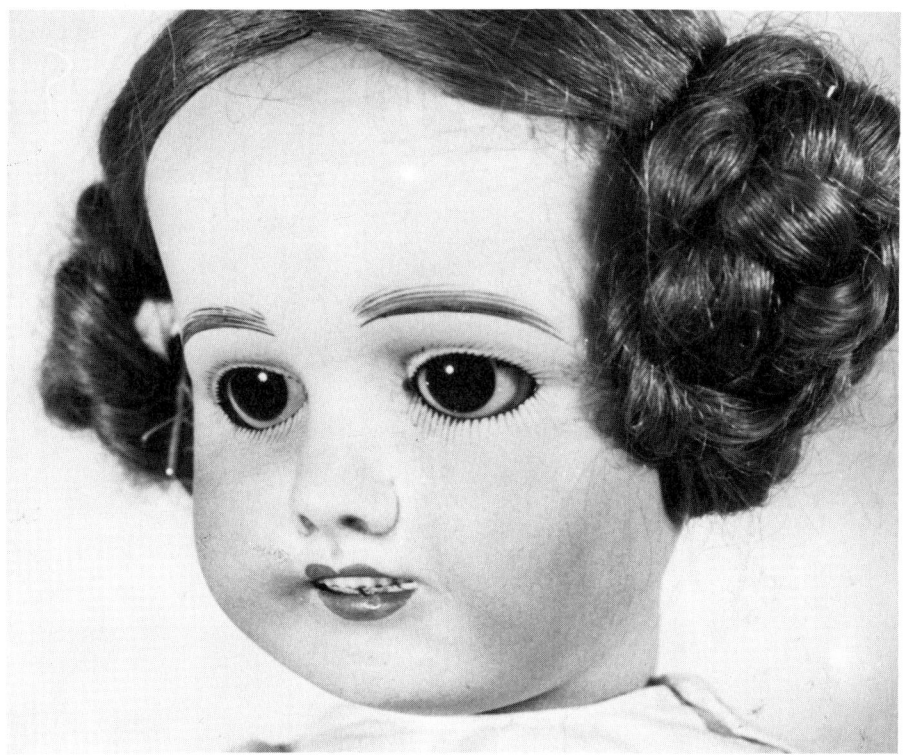

219

218   Puppe aus Frankreich, 1890.
Kurbelkopf aus Porzellan mit braunen
Schlafaugen, offener Mund mit
angegossenen Zähnen, dunkelblondes
Echthaar original.
Körper aus Holz mit Kugelgelenken.
H 60 cm   **1 000,–/1 500,–**

**219   Puppenstubenpuppen
unbekannter Herkunft. 1900.**
Halsmarke: »2«
Kopf aus Porzellan mit feststehenden
braunen Augen, offener Mund, Echthaar
original.
Körper aus Composition mit geraden
Gliedmaßen, Kleidung original.
H 8 cm   **800,–/1 200,–**

220

222

221

223

220 Puppe aus Frankreich, 1890.
Halsmarke: »502/C«
Kopf aus Porzellan mit blauen Schlaf-
augen, offener Mund, durchstochene
Ohrläppchen, braunes langes Echthaar
original.
Körper aus Composition mit Ellbogen-
gelenken, Kleidung alt.
H 45 cm   1 200,–/1 800,–

**221 Puppenstubenjunge, Frankreich,
1890.**
Kopf und Körper aus Biskuitporzellan mit
feststehenden braunen Augen, offener
Mund, Mohairhaar, originales Kostüm
und Hut.
H 12 cm   700,–/900,–

**222 Puppenstubenpuppe, Frank-
reich, 1890.**
Kopf und Körper aus Biskuitporzellan mit
feststehenden braunen Glasaugen,
offener Mund, Mohairhaar original,
Kleidung original.
H 18 cm   400,–/600,–

223 Puppe aus Frankreich, 1895.
Halsmarke: »DEP«
Kurbelkopf aus Biskuitporzellan mit
blauen Schlafaugen aus Glas, offener
Mund, durchstochene Ohrläppchen,
original schwarzes Echthaar.
Körper aus Composition mit Kugel-
gelenken und geraden Beinen, neue
Kleidung.
H 38 cm   1 800,–/2 400,–

Unzweifelhaft französisch, da schräge
Kopföffnung und Korkverschluß.

224   Ludwig Greiner, USA, 1858.
Marke: »Greiners Patent Doll Head Pat.
March 30 1858«
Kopf aus Papiermaché mit aufgemalten
Augen, geschlossener Mund, typische
schwarze anmodellierte damenhafte
Frisur. Stoffkörper.
H 61 cm   **3000,–/3600,–**

Da diese Puppen für den heimatlichen
Markt in Amerika hergestellt wurden,
sind sie in Europa selten zu finden und
daher bei Sammlern sehr begehrt.

225

226

225 »Queen Anne«, (?) unbekannter Herkunft, ca. 1820.
Kopf aus Holz und gefaßt, eingesetzte Glasaugen, gemalte Haare, darüber Echthaare.
Körper aus Holz mit Lederarmen, rote Lederhände sollen die Handschuhe ersetzen, Kleidung original.
H 50 cm (nur in gutem bis sehr gutem Zustand) **10000,–/12000,–**
(im musealen Zustand weit höherer Wert!)

226 »Pumpkinhead«, England, ca. 1860.
Kopf mit Brustplatte aus Papiermaché mit Wachsüberzug, eingesetzte blaue Glasaugen, geschlossener Mund, modellierte Haare.
Körper aus Stoff mit Händen und Füßen aus Holz, gemalte Schuhe und Strümpfe, Kleidung original.
H 60 cm **900,–/1200,–**

227

228

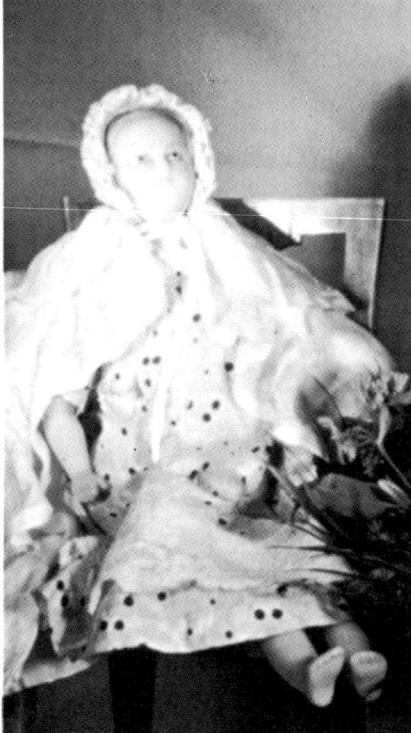

227 Meech, königlicher Puppenmacher aus England, 1870.
Marke: Herstellerstempel auf den Beinen.
Kopf aus Vollwachs mit eingesetzten blauen Glasaugen, geschlossener Mund, einzeln eingesetzte Echthaare.
Körper aus Stoff mit Armen und Beinen aus Wachs, Kleidung original.
H 38 cm **2500,–/3000,–**

228 Puppe aus England, 1870-1880.
Kopf aus Vollwachs mit feststehenden blauen Glasaugen, geschlossener Mund, blondes Echthaar original, das in kleinen Büscheln mit einem Messerschnitt in den Kopf gesetzt ist.
Körper aus Stoff mit Händen und Füßen aus Composition, Kleidung original.
H 40 cm **2500,–/3500,–**

229 Deutsche Puppe, ca. 1870.
Schulterkopf aus Porzellan mit blauen aufgemalten Haaren,
geschlossener Mund, dunkle modellierte Kurzhaarfrisur.
Blauer Stoffkörper mit Unterarmen und Unterschenkeln aus
Pfeifenton.
H 32 cm   1 700,–/2 200,–

Solche Püppchen haben üblicherweise Arme und Beine aus
Porzellan, Pfeifentonkörperteile finden sich sonst hauptsächlich
bei englischen Puppen aus dem 1. Weltkrieg.

230 »Bamboo-teeth«, unbekannter Herkunft, 1820-1840.
Kopf aus Papiermaché mit eingesetzten braunen Glasaugen,
offener Mund mit vier Bambuszähnen. Haare gemalt, darüber
lockige Echthaarperücke original.
Körper aus Leder mit einzeln abgenähten Fingern und Zehen,
Kleidung original.
H 65 cm   3 000,–/4 500,–

232

233

231 »Kewpie«, England, 1912.
Signiert von Rose O' Neill
Kopf und Körper aus Biskuitporzellan, Kopf fest am Körper, gemalte Augen, geschlossener Mund, modellierte und gemalte Haare. Bewegliche Arme, Kleidung original.
H 25 cm   2000,–/2600,–

232 Pumpskinhead, England, 1890.
Kopf mit Brustplatte aus Papiermaché mit Wachsüberzug, eingesetzte blaue Glasaugen, geschlossener Mund, modellierte Haare mit Wachsüberzug, modellierter Hut.
Körper aus Stoff mit Händen und Füßen aus Holz und bemalten Schuhen, Kleidung original.
H 45 cm   1000,–/1600,–

233 Puppe aus England (?), 1880.
Brustplattenkopf aus Composition mit Wachsüberzug, fest eingesetzte blaue Augen, geschlossener Mund, braunes lockiges Echthaar original.
Körper aus Stoff mit Sägespänen gefüllt, Kleidung original.
H 50 cm   2500,–/3000,–

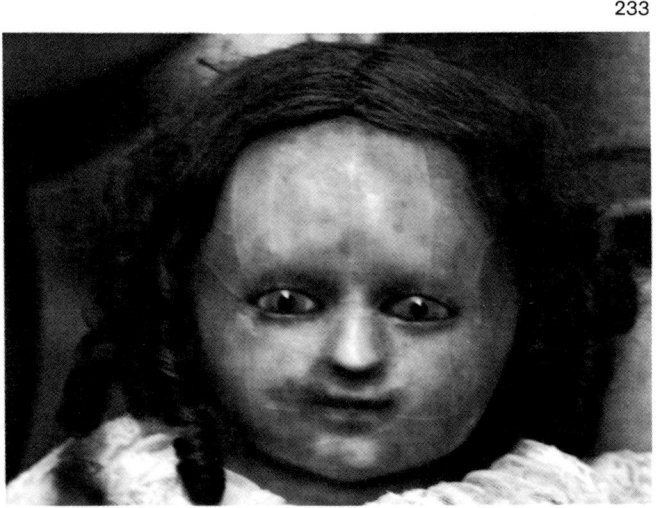

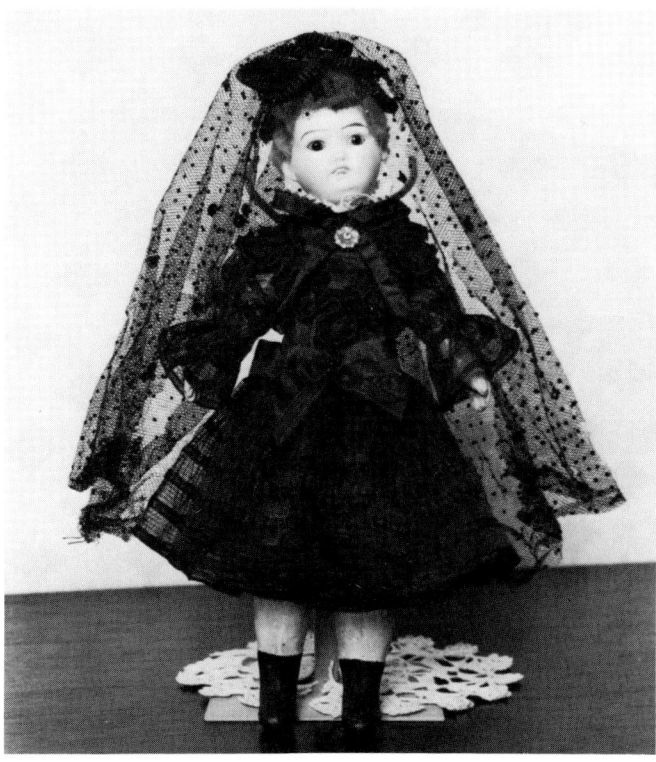

235

234   Puppe aus Italien, ca. 1900.
Halsmarke: »Ballate«
Kurbelkopf aus Porzellan mit feststehenden braunen Glasaugen.
Geschlossener Mund mit nachträglich angebrachten Zähnen,
blondes Mohairhaar original.
Körper aus Composition, gerade Arme und Beine mit gemalten
Strümpfen und Schuhen, Kleidung original.
H 27 cm   1 200,–/1 600,–

235   Furga, Italien, ca. 1900.
Halsmarke: »FURGA / No 14«
Kurbelkopf aus Porzellan mit braunen Schlafaugen, offener
Mund, langes schwarzes Echthaar original.
Körper aus Composition mit Kugelgelenken, neue Kleidung, sehr
gut gemacht.
H 100 cm   1 500,–/1 800,–

236   Furga, Italien, ca. 1890.
Kewpie-Puppe, sog. »Happy Fats«
Kopf und Körper aus Biskuitporzellan, gemalte Augen, ge-
schlossener Mund. Modellierte und gemalte Haare, model-
lierte gemalte Kleidung.
H 10 cm   zus. **800,–/1 200,–**

236

237

238

239

240

237   Fels Mayer, Italien, 1890.
Halsmarke: »M. F.«
Kurbelkopf aus Porzellan mit fest-
stehenden braunen Glasaugen, offener
Mund, blondes Echthaar original.
Körper aus Composition mit geraden
Armen und Beinen, Kleidung original.
H 18 cm   800,–/1000,–

238   Furga, Italien, 1890.
Kurbelkopf und Körper aus Biskuit-
porzellan, feststehende braune Glas-
augen, offener Mund, dunkelblondes
Echthaar original, Kleidung original.
H 20 cm   500,–/800,–

239   Puppe aus Italien, ca. 1910.
Halsmarke: »Italida«
Kurbelkopf aus Porzellan mit braunen
Schlafaugen, offener Mund, rotblondes
Echthaar original.
Körper aus Composition mit Kugel-
gelenken, neue Kleidung.
H 80 cm   1300,–/1600,–

**240   Enrico & Signora Elena König
die Scavini, Italien, 1920-1930.**
Marke: »Lenci«
Kopf aus Filz mit gemalten Augen,
geschlossener Mund, Mohairhaar
original
Körper aus Filz mit Sägespänen
ausgestopft, zusammengenähte Ring-
und Mittelfinger (typisch), Kleidung
original.
H 44 cm   800,–/1600,–

241   Puppe unbekannter Herkunft, evtl. England, ca. 1815.
Kopf aus Composition mit Wachsüberzug, strahlend blaue Glasaugen mit schwarzen Pupillen, originale blonde Lockenperücke auf Mousselinebasis geknüpft.
Balgkörper mit Sägespänefüllung, blaue Lederarme, originales blaues Seidenkleid mit Spitzenborte und beige spitzenbesetzte Lederstiefelchen.
H 48 cm   2000,–/2800,–

242

242   Puppen aus Japan, um 1890.
Köpfe aus Holzfasermischung mit
Gofun, feststehende mit Tinte bemalte
Glasaugen, geschlossener Mund,
geritzte Lidfalten, schwarze Haare,
Kimono original.
H 26/13 cm   je **300,–/1 000,–**

243   Puppe aus Japan, ca. 1890.
Kopf aus gepreßter Holzfaser mit Gofun
(Farbe und Muschelmehlgemisch),
eingesetzte braune Glasaugen,
geschlossener Mund, original schwarzes Echthaar.
Körper aus Stoff, Hände und Füße wie
Kopf, Kimono aus bedruckter Baumwolle original.
243 H 33 cm   **750,–/1 500,–**

244

244 Biedermeierpuppe unbekannter Herkunft, evtl. Deutschland, ca. 1840.
Kopf aus Papiermaché mit blauen gemalten Augen, modellierte Frisur mit schwarzen Korkzieherlocken. Stoffkörper, wohl wesentlich älter oder repariert, originales Tüllkleidchen.
H 38 cm   1 800,–/2 500,–

Dieser Puppentyp hat üblicherweise Unterarme und Beine aus Holz.

245 Puppe unbekannter Herkunft, evtl. Deutschland, 1865/70.
Hervorragend getönter Schulterkopf aus Biskuitporzellan, intensive blaue Glasaugen, blonde anmodellierte Frisur im Stil der 1850er Jahre.
Originaler Stoffbalgkörper mit Sägespänefüllung, Biskuitunterarme und -beine. Anmodellierte und gemalte rosa glänzende Stiefelchen mit kleinen Absätzen, wie sie um 1870 Mode waren.
H 28 cm   2 500,–/3 000,–

Schulterköpfe und Glasaugen sind selten, da das Einsetzen der Augen hier besonders schwierig war. Daß diese Köpfe über einen längeren Zeitraum ausgeformt wurden, ist aus der zeitlich unterschiedlichen Mode von Frisur und Stiefeln ersichtlich.

245

246

248

247

249

246 Biedermeierpuppe unbekannter Herkunft, evtl. Deutschland, ca. 1835.
Kopf aus Papiermaché mit anmodellierten schwarzen Haaren in typischer Biedermeierfrisur.
Lederbalgkörper mit Sägespänefüllung, Unterarme und Beine aus Holz, grüne Stöckelschuhe mit roten Bändern, originales Seidenkleid mit Unterrock, Hemd, Samtcape und Häubchen.
H 30,5 cm   2000,–/2800,–
Diese typische Biedermeierfrisur mit den freiliegenden von Haaren umgebenen Ohren ist bei Porzellan- und Papiermachépuppen sehr begehrt.

247 Puppenhauspüppchen unbekannter Herkunft, evtl. Deutschland, um 1845.
Schulterkopf aus Biskuitporzellan mit gemalten Augen und gemaltem Mund, anmodellierte schwarze hochgesteckte Lockenfrisur.
Porzellanfüße mit anmodellierten, absatzlosen Stiefelchen, aufwendige Originalkleidung aus Baumwolle und Mousseline mit blauen Bändern und Schleifen verziert.
H 10 cm   400,–/500,–
Der Preis ist auf das aufwendige Kostüm zurückzuführen.

248 Ungewöhnlich große Puppe unbekannter Herkunft, ca. 1855.
Sog. »Kürbiskopf« aus Papiermaché mit Wachsüberzug, dunkle, irislose, feststehende Glasaugen, geschlossener Mund, anmodellierte blonde Haare mit schwarzem Band.
Stoffbalgkörper, Kleidchen aus zeitgenössischen Stoffresten, angenähte blaue, geschnitzte Holzschühchen.
H 72 cm   1600,–/1900,–

249 Puppe unbekannter Herkunft, evtl. Deutschland, um 1870-1875.
Marke: »2«
Schulterkopf aus Composition mit Wachsüberzug, feststehende Glasaugen, blonde Langhaarperücke original.
Glieder mit Wachsüberzug, Füße nackt mit seltenen ausgeformten Zehen, originales violettes Seidenkleid mit Schürze und Spitzenbesatz.
H 41 cm   2000,–/2600,–

250 Puppe unbekannter Herkunft, evtl. Deutschland, ca. 1855.
Weißer Biskuit-Schulterkopf mit den typischen, stark abfallenden frühen Schultern. Blonde, anmodellierte Haarfrisur mit Netz und blauen Schleifen über den Ohren.
Mit Sägespänen gefüllter Baumwollbalg-Körper, Biskuitglieder gebrochen, Kleidung original aber nicht gut gearbeitet, Cape modern.
H 23 cm   500,–/800,–

250

251

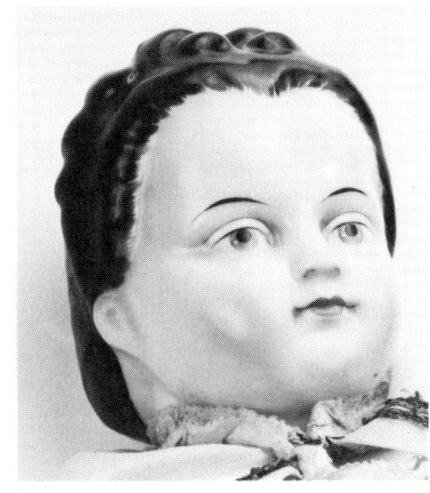

252

253

251   Ungemarkter Puppenkopf, evtl. Deutschland, ca. 1845.
Porzellanschulterkopf, dick ausgeformt mit sechs Löchern zum Befestigen. Aufgemalte blaue Augen mit roter Lidrandlinie, dunkelbraune, anmodellierte Biedermeier-Aufsteckfrisur.
H 14 cm   200,–/300,–

Sprung in der Brustplatte und Brandfehler drücken den Preis.

252   Puppe unbekannter Herkunft, evtl. Deutschland, um 1860.
Extrem ausdrucksvoller, damenhafter Porzellankopf, seltene braune, anmodellierte Damenfrisur mit Nackenknoten und Haarnetz.
Stoffbalgkörper mit Sägespänefüllung, ein Bein kaputt, originales beiges Kleidchen mit Cape.
H 66 cm   2 500,–/3 000,–

253   Puppe unbekannter Herkunft, evtl. Deutschland, 1840/50.
Porzellanschulterkopf mit Brandfehler auf der linken Wange. Klare, ausdrucksvolle Züge, die nicht selbstverständlich sind für diese Zeit.
Schwarze, detailliert und lebendig ausgeführte anmodellierte Haare.
Stoffbalgkörper mit Sägespänen gefüllt, Porzellanunterschenkel mit aufgemalten grau-schwarzen Stiefelchen, originales weißes spitzenbesetztes Mousselinekleidchen.
H 54 cm   2 000,–/2 500,–

254

256

255

257

254   Pierotti-Puppe, England, um 1880.
Gegossener Wachs-Schulterkopf mit feststehenden blauen
Glasaugen, blonde, büschelweise in den Schädel eingesetzte
Haare.
Körper erneuert, Taufkleidchen mit Spitzenbesatz und Bändern,
Mantel und Häubchen möglicherweise original.
H 48 cm   **2800,–/3600,–**

Der leicht nach links geneigte Kopf gilt als Merkmal der Pierotti-
Puppen. Die Puppenmacherfamilie Pierotti stellte über einen
langen Zeitraum, von ca. 1780 bis 1930, Wachspuppen her und
war ebenfalls für ihre Babypuppen berühmt.

255   Lucy Beck, England, ca. 1900.
Marke: »Lucy Beck«
Gegossener Wachskopf, blaue Glasaugen mit Zugmechanismus
zum Öffnen und Schließen, der seitlich aus dem Körper kommt,
kastanienbraune, eingesetzte Haare.
Sehr aufwendiges Originalkostüm mit beigem Seidenhut.
H 52 cm   **2200,–/2800,–**

256   Drei Puppenstubenpuppen
Brustplattenkopf aus Porzellan mit eingesetzten feststehenden
braunen Glasaugen, geschlossener Mund, Mohairhaar mit
Korkenzieherlocken.
Körper aus Stoff mit Händen und Füßen aus Porzellan, Kleidung
original.
H 18 cm   je **800,–/1000,–**

257   Puppen unbekannter Herkunft, ca. 1840-1860.
Köpfe aus glasiertem Porzellan (»Chinahead«), bemalte blaue
Augen, geschlossener Mund, modellierte bemalte Haare.
Körper aus Leder mit abgenähten Fingern und Zehen bzw. aus
Stoff mit Händen und Beinen aus Porzellan (rechts). Alter Ring
als Armband (links), Kleidung original.
H 38/40 cm   **2000,–/2800,–**

258   Puppe unbekannter Herkunft, ca. 1870.
Kopf mit Brustplatten aus Papiermaché mit feststehenden
blauen Glasaugen, geschlossener Mund, Mohairhaar original.
Körper aus Stoff mit Armen und Beinen aus Papiermaché,
gemalte Strümpfe und Schuhe.
Kleidung original.
H 35 cm   1 600,–/2 200,–

**259   Puppe mit Kinderwagen unbekannter Herkunft,
ca. 1910.**
Große Puppe aus Biskuitporzellan mit bemalten Beinen, Kinderwagen aus Metall.
H unbekannt   zus. **2 500,–/2 800,–**

260 Puppe unbekannter Herkunft, ca. 1840.
Weiß glänzender Schulterkopf mit aufgemalten Augen, braune anmodellierte Frisur nach der Mode des frühen 19. Jahrhunderts mit geschlungenem Knoten.
Körper aus dem späten 19. Jahrhundert mit Compositionsgliedern, modernes schwarzes Satinkleid.
H 49 cm   2300,–/3000,–

Porzellanpuppen mit anmodellierten braunen Haaren sind relativ selten (meist schwarz).

FACHHÄNDLERVERZEICHNIS

Deutschland

Ladenburg   Ladenburger Spielzeugauktion Götz SEIDEL

Ausland

Basel/Schweiz	Zur Puppenfee Gretl SUTTER
Bülach/Schweiz	E. & P. KAUFMANN AG
Wien/Österreich	Gundi GROH
Wien/Österreich	Marie HÖHN
Winterthur/Schweiz	Auktionen Christine KOHLER